Opus 77

**Ferdinand Kramer / SSP SchürmannSpannel
Forschungszentrum BiK-F, Frankfurt am Main**

**Text
Fabian Wurm**

**Photographien / Photographs
Jörg Hempel**

Edition Axel Menges

Herausgeber/Editor: Axel Menges

© 2014 Edition Axel Menges, Stuttgart/London
ISBN 978-3-932565-77-9

Alle Rechte vorbehalten, besonders die der Übersetzung in andere Sprachen.
All rights reserved, especially those of translation into other languages.

Druck und Bindearbeiten/Printing and binding:
Graspo CZ, a. s., Zlín, Tschechische Republik/Czech Republic

Übersetzung ins Englische/Translation into English:
Friedrich Ragette

Gestaltung/Design: Axel Menges

Inhalt

6   Fabian Wurm: Das Biodiversität und Klima Forschungszentrum (BiK-F) in Frankfurt am Main

22 Pläne
    Lageplan 22 – Grundrisse des ursprünglichen Zustands 23 – Grundrisse des heutigen Zustands 24 – Ansichten 26 – Schnitte 27

28 Bildteil
    Historische Aufnahme 28 – Südseite 30 – Nordseite 42 – Inneres des Hörsaalgebäudes 46 – Inneres des Hauptgebäudes 52

60 Daten

Contents

7   Fabian Wurm: The Biodiversity and Climate Research Centre (BiK-F) in Frankfurt am Main

22 Plans
    Site plan 22 – Floor plans of the original state 23 – Floor plans of the actual state 24 – Elevations 26 – Sections 27

28 Pictorial section
    Historical photograph 28 – South side 30 – North side 42 – Interior of the lecture-hall buildung 46 – Interior of the main building 52

60 Credits

Fabian Wurm
Das Biodiversität und Klima Forschungszentrum (BiK-F) in Frankfurt am Main

Er sah sich unverstanden. Wann denn endlich die Betonbretter vor dem Gebäude verschwinden, hat man ihn gefragt; nach den Malerarbeiten seien die wohl versehentlich stehengeblieben. Mit seiner launigen Rede bei der Eröffnungsfeier des Instituts für Pharmazie und Lebensmittelchemie sorgte Ferdinand Kramer, so vermerkten es Chronisten, für Heiterkeit. Das war im Januar 1958. Mit den Betonbrettern freilich meinte es der Universitätsbaumeister ernst: Präzise begründete er den Nutzen seiner Sonnenbrecher, die er in Anlehnung an Le Corbusiers Brises-Soleil entworfen hatte. Diese Waben, in Form eines großen Gitters vor die Fassade montiert, verhinderten den direkten Einfall der Sonne und sorgten von Frühjahr bis Herbst für gleichmäßiges Licht in den Räumen. Eine äußerst praktische Erfindung. Der Direktor der Augenklinik der Universität habe sich bereits begeistert über ihre Wirkung gezeigt, erklärte Kramer den anwesenden Studenten und Honoratioren. »Er glaubt sogar, daß sie die Vorhänge überflüssig machen können und der Tapezierer keine Gemütlichkeit mehr um die Fenster zu drapieren hat.«

Bloß keine Gemütlichkeit! Nüchtern, klar und sachlich sei der Entwurf, gebrauchstauglich in jedem Falle. Die Sehnsucht nach der Höhle, gebrochene Farben und unklare Formen, antiquiertes Mobiliar und dunkle Tapeten: All dies verabscheute der weltgewandte Architekt. »Manche bürgerliche Vorstellung von gemütlicher Ecke etc. wäre noch auszuräumen«, das hatte er bereits 1930 in einem Aufsatz für die *Frankfurter Zeitung* gefordert. Nichts als das »Zweckmäßigste« wolle er entwerfen. Auch nach seiner Rückkehr aus dem Exil hielt er daran fest, als er 1952 begann, mit einem Team junger Architekten die neue Universität in Frankfurt zu planen.

Hier sollte eine moderne Universitätsstadt Gestalt annehmen – durch amerikanische Erfahrungen inspiriert. »Wir haben den kühnen Traum«, sagte der Philosoph Max Horkheimer 1953, »die Frankfurter Universität zu einer der am besten eingerichteten Hochschulen der westlichen Welt zu machen.« Horkheimer, damals Universitätsrektor, hat Kramer aus New York in seine Geburtsstadt zurückgeholt. Und Friedrich Rau, der Kurator und Bildungspolitiker, bat ihn dann zu bleiben, damit er das Gehäuse baue für eine offene Universität im Sinne ihrer Gründungsväter, der Bürger der Stadt. Einen Ort, an dem konzentrierte Forschung ebenso Raum hat wie der Dialog, der Streit der Fakultäten. Ein Ideal, wie es Rektor Horkheimer in einer Rede 1952 entworfen hat: »Eine Synthese aus Kloster, Klub und Lehrstätte«.

Weil aber die finanziellen Mittel und der Platz für den Ausbau der Alma mater äußerst knapp bemessen waren, konnte kaum jener zusammenhängende Campus, der Kramer vorschwebte, entstehen. Der Not gehorchend, mußten einige Institute außerhalb des beengten Kerngebiets der Universität gebaut werden – als Dependancen verstreut in der Stadt. Allen widrigen Umständen zum Trotz konnte Ferdinand Kramer als Leiter des Universitätsbauamtes der Johann Wolfgang Goethe-Universität – so sein offizieller Titel – 23 Projekte in kaum mehr als zehn Jahren realisieren, große Hörsaal- und Institutsgebäude darunter, ebenso ein herausragendes Studentenwohnhaus und die modernste Bibliothek der Nachkriegszeit. Auch die Möbel für Auditorien, Seminarräume und Mensen wurden nach seinen Entwürfen gefertigt. Mitunter mußte Kramer acht Baustellen gleichzeitig koordinieren. Eine logistische Glanzleistung.

Das einstige Institut für Pharmazie und Lebensmittelchemie, in dem zeitweilig auch das Städtische Nahrungsmittel-Untersuchungsamt untergebracht war, ist das siebte größere Projekt, das Kramer für die Frankfurter Universität entwarf. Den Standort hatte Kramer bereits in seinem Generalbebauungsplan von 1954 definiert, den er gemeinsam mit Universitätskurator Rau der Öffentlichkeit präsentierte. Im Süden des Universitätsgeländes, begrenzt von Gräf- und Georg-Voigt-Straße, stand ein dreieckig geschnittenes Areal zur Verfügung. Der Austausch mit den Naturwissenschaftlern anderer Institute war möglich; die Einrichtungen der Senckenberg Gesellschaft für Naturforschung – das Museum und der Physikalische Verein – waren rasch erreichbar. Auch die Nähe zu den Chemikern schien optimal, ganz im Sinne von Friedrich Rau, dessen Absicht es war, »Zusammenschlüsse der Fakultäten und Institute zur Erleichterung kooperativen Arbeitens« zu forcieren. Was fachlich zusammengehöre, müsse auch räumlich verbunden werden, das war die Devise. »In modernen Instituten«, so der Kurator, »soll das monokratische Prinzip organisatorisch durch das Kollegialitätsprinzip ersetzt werden.« Hier sollte es sich konkretisieren: das Zusammenwirken verschiedener Institute zum gegenseitigen Nutzen. Nichts Geringeres als eine Hochschulreform war das Ziel, lange bevor das Wort Konjunktur hatte.

Doch nicht alle Voraussetzungen waren günstig: Ausgerechnet dort, wo Kramer seine Pharmazie zu plazieren gedachte, fand sich – teils als Folge der Enttrümmerung, teils aufgrund natürlicher Gegebenheiten – eine große Mulde. Sie mit Schutt und Erde zu verfüllen, kam für den sparsamen Baumeister nicht in Frage. Und so nutzte er die Topographie auf geschickte Weise: Sämtliche Gebäudetrakte ließ er in strikter Ost–West-Orientierung in diese Senke stellen. Folglich stehen Teile des Komplexes – der Hörsaalkubus, der Kopfbau im Westen und der Zugang von der Straße – auf Pylonen. Gerade dies macht den besonderen Reiz der Anlage aus.

Nähert man sich den Institutsgebäuden von Süden, führt der Weg zum Haupteingang wie eine »promenade architecturale« über einen auf runden Stahlstützen ruhenden und überdachten Verbindungssteg. Der aufgeständerte Hörsaaltrakt, der in einen Rahmen von vier Stahlbetonbindern eingehängt ist und dadurch beinahe zu schweben scheint, wird ebenfalls von diesem Steg erschlossen. Vor dem Auge des vorangehenden Betrachters verändern sich die Gebäude: Zunächst rückt der geschlossene Hörsaalkubus in den Blick, der gegen die schräg verlaufende Georg-Voigt-Straße vorstößt; dann wird sein gänzlich verglastes doppelgeschossiges Foyer sichtbar.

Bereits beim Entwurf der biologischen Institute nahe des Palmengartens – dem 1956 fertiggestellten *Biologischen Camp* – hatte Kramer den Hörsaal separat vor die langgestreckten Institutsbauten plaziert und damit dem Ensemble ein signifikantes Gestaltungselement hinzugefügt. Anders aber als das Auditorium der Biologie, das an der Stirnseite zweifach geknickt ist und sich zum Podium hin verjüngt, ist das Hörsaalgebäude der pharmazeutischen Institute eine rechtwinklige Box.

1, 2. Ferdinand Kramers erste Baumaßnahme für die neue Universität: Um den Eingang des alten Hauptgebäudes den Erfordernissen eines modernen Universität anzupassen, ließ Kramer im März 1953 das neobarocke Portal (oben) mit seinem Figurenschmuck abschlagen und ein breites transparentes Entrée bauen, der den Blick auf Horkheimers Rektorat freigab. Kramer habe den neuen Eingang »mit einer einzigen entscheidenden Geste – wie mit dem Messer des aufklärerischen Gedankens – in die dekorative Fassade der alten Universität geschnitten«, schieb der Kunsthistoriker Gert Selle (Photos: Archiv Kramer (1) und Sigrid Neubert (2).)

1, 2. Ferdinand Kramer's first building measures for the new university: To adapt the portal of the old main building to the requirements of a modern university, Kramer had during March 1953 the neo-baroque front gate replaced by a wide transparent entrance. All decorative features were knocked off; the view to Horkheimer's office was open. The art historian Gert Selle wrote: »With a single decisive gesture Kramer cut the decorative façade with the knife of enlightenment.« (Photos: Archiv Kramer (1) and Sigrid Neubert (2).)

Fabian Wurm
The Biodiversity and Climate Research Centre (BiK-F) in Frankfurt am Main

He felt misunderstood. He was asked: when finally would the concrete boards on the building be gone; it seemed they were left behind after the paint work was finished. According to chroniclers, Ferdinand Kramer generated hilarity with a witty address at the opening ceremony of the Institute of Pharmacology and Food Chemistry. It was in January 1958. But the university's architect was serious about the concrete boards. He clearly justified the usefulness of his sun breakers that he had designed in reference to Le Corbusier's *brises soleil*. Those honeycombs mounted in the shape of a big grid in front of the façade blocked direct sun and provided uniform illumination in the rooms from spring to autumn. »A super-practical invention«, Kramer told the attending students and dignitaries; the director of the university's eye clinic was enthusiastic about their effect: »He even believes that curtains will not be necessary and the decorator would no more need to drape the windows for coziness.«

Beware of snugness! Sober, clear and matter of fact was the design, utilizable in any way. Yearning for the cave, broken-up colors and unclear forms, antiquated furniture and dark wallpaper. The urbane architect detested all of this. Already in 1930 he wrote in the *Frankfurter Zeitung* : »Quite a few middle-class notions of cozy corners are to be eliminated.« He wanted to design nothing but the »functional«. He held on to this after his return from exile, when he began in 1952 to plan the new University of Frankfurt with a team of young architects.

A modern university city was to take shape, inspired by the American experience: »We have an audacious dream«, said the philosopher Max Horkheimer in 1953, »to make the University of Frankfurt one of the best equipped in the western world.« Horkheimer, then president of the university, brought Kramer back from New York to his city of birth. And Friedrich Rau, curator and educational policy maker, asked him to stay, in order to create the body for an open university in the spirit of the founding fathers, the citizens of the town: a place with room for serious research as well as for dialogue and contesting faculties. An ideal as envisioned by President Horkheimer in a speech in 1952: »A synthesis of monastery, club and lyceum.«

But a contiguous campus, as imagined by Kramer, was not possible due to very limited funds and space for the building of an alma mater. Obeying to necessity some institutes had to be built outside of the tight core of the university, as adjuncts scattered over the town. Notwithstanding the adverse conditions, Ferdinand Kramer as chief of the building department of the Johann Wolfgang Goethe-Universität – its official title – was able to realize 23 projects in hardly ten years: large institutes and lecture halls, significant students' quarters and the most modern post-war library. Also all furniture for auditoria, class rooms and cafeterias were produced according to his designs. Occasionally Kramer had to coordinate eight projects at the same time; a logistic achievement.

The previous Institute of Pharmacology and Food Chemistry, housing for a while the municipal office of food inspection, is the seventh large project Kramer designed for Frankfurt University. Kramer defined the location already in the master plan of 1954 and together with university trustee Rau presented it to the public. South of the university between Gräf- and Georg-Voigt-Strasse was a triangular site available. The cooperation with scientists of other institutes was possible, the Senckenberg Gesellschaft für Naturforschung, the museum and the Physikalischer Verein were easy to reach. Also the proximity of the chemists was optimal and in line with Friedrich Rau's intention to force the combination of faculties and institutes to enhance integrated work. »The aim was to connect physically what belonged together professionally. In modern institutions the monocratic system should be replaced by the collegiate principle«, said the trustee. Thus for the common good co-action of different institutes should be achieved, nothing less than a university reform, long before reforming universities became a fashion.

Not all preconditions were favorable, of all things where Kramer wanted to place Pharmacology was a huge pit, caused by natural conditions and rubble clearance. For the thrifty builder it was out of the question to fill it with debris and earth. He cleverly used this site condition: In strict east–west orientation he put all building units into this depression. Therefore parts of the complex, the lecture hall cube, the western front wing and the access from the street are resting on pylons. Exactly this constitutes the appeal of the composition.

Approaching the institute's buildings from south, the route to the main entrance leads like a *promenade architecturale* over a roofed over connection supported by tubular steel columns. The stilted auditorium wing, suspended from four concrete frames, seems to be floating. It is also connected to this passage. The buildings keep changing before the moving spectator: First the closed auditorium cube pushes against the oblique Georg-Vogt-Strasse, and then its fully glazed two-level foyer appears.

Already in his design of the Institute of Biology near the palm garden – the Biological Camp completed in 1956 – Kramer had placed the auditorium separately in front of the long row of buildings, thereby adding a significant element of composition. In contrast to the auditorium for Biology, which has two folds in its front and tapers towards the podium, the Pharmacology lecture hall is a rectangular box. Klaus Peter Heinrici who participated in the design as a young architect remembers: »In the beginning we arranged the seating in a semicircle and drew a building with a convex front. But Kramer wanted *partout* a cube, to underline with its strong form the strict east–west orientation of all buildings on the campus.« The design of the western building access was also a fervid struggle. Astrid Hansen reconstructed meticulously a long controversy in her profound study of Kramer's university project: The head of Food Chemistry repeatedly asked for rain protection, but Kramer did not want to accentuate the secondary number 16 entrance with a canopy. He wrote to the angry professor: »A canopy would architecturally and aesthetically impair the building mass.« Finally in 1963 the entrance received rain protection by means of a long canopy, its form relating to the main walkway running parallel to it.

Main walkway, canopies, auditorium cube and the long building of the Institute with its fire escape on the east front combine to an impressive ensemble. The longitudinal building, actually consisting of three inter-

»Zunächst hatten wir die Sitzreihen im Halbkreis angeordnet und ein Gebäude mit konvexer Stirnseite gezeichnet«, erinnert sich Klaus Peter Heinrici, der damals als junger Architekt an dem Entwurf mitarbeitete. »Doch Kramer wollte partout einen Kubus, der durch seine strenge Form die Ost–West-Orientierung aller Bauten auf dem Campus unterstreichen sollte.« Auch um die Gestaltung des westlich gelegenen Gebäudezugangs wurde heftig gerungen. In ihrer profunden Arbeit zu Kramers Universitätsbauten hat Astrid Hansen einen lange währenden Streit akribisch rekonstruiert: Mehrfach habe der Institutsleiter der Lebensmittelchemie einen Regenschutz beantragt, Kramer aber wollte den Nebeneingang mit der Hausnummer 16 nicht durch ein Dach akzentuieren. »Die Anbringung eines Vordachs«, schrieb er dem erbosten Professor, »würde den Baukörper ästhetisch-architektonisch verschlechtern.« 1963 schließlich wurde der Eingang dann doch mit einem auf Stützen aufliegenden, langen Schutz versehen, der sich in seiner Form an der Überdachung des parallel verlaufenden Verbindungsstegs orientiert.

Steg und Vordächer, der Hörsaalkubus und das lange Institutsgebäude mit seiner Feuertreppe an der östlichen Stirnfront fügen sich zu einem eindrucksvollen Ensemble. Der Längsbau, der genaugenommen aus drei zusammengefügten Baukörpern besteht, verdeutlicht alle Prinzipien Kramerscher Architektur: Konstruktionsraster und Tragstruktur werden durch Betonstützen sichtbar gemacht, die ursprünglich roh belassen und nicht gestrichen waren. Dieses Stahlbetonfachwerk nimmt die Kräfte auf, ebenso wie längs aufgereihte Stützen, die sich durch das Gebäudeinnere ziehen. Erreicht wird ein Höchstmaß an Flexibilität. Die freie Disposition von Räumen ist jederzeit möglich. Denn im Inneren der Gebäude sind keine tragenden Wände zu finden: weder in den beiden zweihüftig aufgebauten Abschnitten, denen ein Raster von 3,50 m Achsmaß zugrunde liegt und der eine Breite von 15 m erreicht, noch in dem Kopfbau, dessen Bautiefe 19 m beträgt.

Der freundliche Eindruck des Ensembles wird nicht zuletzt durch seine hellen, gelb-braunen Mauerklinker im Dünnformat bestimmt, mit denen die Brüstungsfelder zwischen den Betonstützen ausgefacht sind. Auch die dreifach unterteilten Fenster beträchtlicher Größe, die sich auf der Nordseite zu horizontalen Bändern fügen und im Süden jeweils die Breite eines Rasterjochs einnehmen, tragen zur heiteren Erscheinung bei. Diese sogenannten Chicago-Fenster hatten – was damals ein Novum war – in der Mitte eine Zweischeiben-Isolierverglasung, während in die beiden schmalen, beweglichen Flügel Verbundglas eingesetzt wurde. Große Glasflächen, Sonnenschutz und Nottreppen: Diese Elemente sind bei fast allen Kramer-Instituten zu finden – wenn auch stets in modifizierter Form.

Als exzeptioneller Universitätsbau ist Kramers Pharmazie in die Architekturgeschichte eingegangen. »Solche sauberen Beispiele der lückenlosen Übereinstimmung von Funktion, Konstruktion, Gestaltung, wie sie sich in Ihren Institutsbauten verkörpern, sind für die Erziehung junger Menschen von hohem Wert; sie ersetzen viele theoretische Erörterung und manche Vorlesung«, schrieb der Architekt Friedrich Wilhelm Kraemer, Professor für Gebäudelehre und Entwerfen, Begründer der schulbildenden Braunschweiger Architekturlehre, an den Universitätsbaumeister nach seinem Besuch in Frankfurt.

Kramer selbst hat seine Intention knapper gefaßt: »Der Gebäudekomplex – eine *gemeinsame* Arbeit von Architekten und Ingenieuren – will ein reiner Zweckbau sein.« Und ist doch mehr. Durch die Sonnenbrecher beispielsweise, diese raffiniert praktischen Schattenspender, gewinnt die Südfassade des langgestreckten Baukörpers besondere Plastizität. Das Resultat: ein beinahe artifizieller Effekt. Die gesamte Hauswand wird mit wechselnden Licht- und Schattenmustern überzogen. Reine Zweckmäßigkeit? Wohl kaum. Hier dominiert das Spielerische. Nicht ohne Grund hat Kramer die Brises-Soleil des bewunderten Le Corbusier für Frankfurter Verhältnisse modifiziert: Die teilweise vorfabrizierten, teilweise am Ort gegossenen Eisenbetonpaneele sind deutlich filigraner als jene, die der französisch-schweizerische Architekt für Gebäude in sonnenverwöhnten Ländern wie Algerien und Argentinien konstruiert hatte oder bei seinem vielbeachteten Duval-Fabrikgebäude im eher kühleren Saint-Dié-des-Vosges einsetzte.

Die in Berlin erscheinende Architekturzeitschrift *Bauwelt* widmete dem Gebäude anläßlich seiner Fertigstellung ein Heft und zeigte auf dem Umschlag Kramers Hörsaal, Steg und Sonnenbrecher als dynamische Komposition. Das Institut für Pharmazie und Lebensmittelchemie avancierte rasch zum weithin geschätzten Meisterwerk der Nachkriegsmoderne – und geriet später dennoch beinahe in Vergessenheit. Unsachgemäße Renovierungen – die Sonnenbrecher etwa wurden 1987 abgenommen, neu gegossen und mit sichtbaren Winkeleisen versehen – beeinträchtigten das Erscheinungsbild. Jahrzehntelange intensive Nutzung und versäumte Bauunterhaltung taten ein übriges. Wie die meisten Bauten des Universitätsbaumeisters standen auch beide Institute, die das alte Universitätsgelände im Süden abschließen – trotz Denkmalschutz – unversehens zur Disposition.

Seit die Frankfurter Universität sukzessive in städtische Randlagen zieht – die Geisteswissenschaften in das ehemalige IG-Farben-Gebäude am Grüneburgpark und die Naturwissenschaften an den fernen Riedberg –, gilt vielen die Zukunft der Kramer-Bauten als besiegelt. Jene kargen, doch im Detail reichen Gebäude, die eng mit der Geschichte der Frankfurter Schule verbunden sind, mit der Rückkehr von Horkheimer und Adorno nach Deutschland, sollen – größtenteils zumindest – abgerissen werden. So wünschen es Baugesellschaften und Grundstücksverwalter.

Immerhin: Ein Gebäude ist nun schon gerettet. Seit seiner umfassenden Erneuerung durch das Bochumer Architekturbüro SSP SchürmannSpannel steht die alte Pharmazie, die heute Sitz des Biodiversität und Klima Forschungszentrums (BiK-F) ist, wieder überzeugend da. Der Betonskelettbau mit seinen ausdrucksstarken Sonnenbrechern und dem vom Hauptgebäude abgesetzten Hörsaalkubus ist ein Baudenkmal, exemplarisch für eine gelungene Umnutzung zudem. Dem Planungsteam aus dem Ruhrgebiet gelang es, vorhandene architektonische Qualitäten mit neuen Nutzungsanforderungen in Einklang zu bringen.

Wo einst Studenten experimentierten, untersuchen heute rund 160 Wissenschaftler des Biodiversität und Klima Forschungszentrums die Wechselwirkungen von globalen Entwicklungen und Artenvielfalt – dem Klimawandel auf der Spur. Was passiert mit Artengemeinschaften, wenn sich die Temperaturen ändern? Molekularbiologische Analysen einzelner Organismen sollen

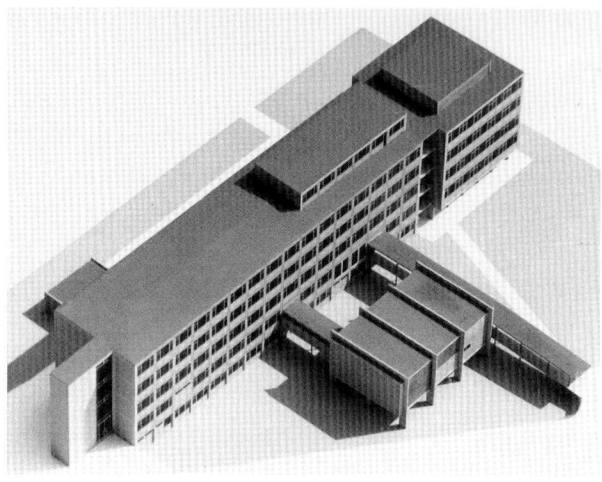

3. Ferdinand Kramer, Institut für Pharmazie und Lebensmittelchemie. Modell, noch ohne Brises-Soleil, um 1955. (Photo: Archiv Kramer.)
4. Ferdinand Kramer, Institut für Pharmazie und Lebensmittelchemie. Südansicht mit gedecktem Verbindungsgang von der Straße zum Hörsaalkubus und dem langgestreckten Institutsgebäude mit Brises-Soleil, kurz nach der Fertigstellung Anfang 1958. (Photo: Herbert Schwöbel.)
5. Cover der *Bauwelt* vom 11. August 1958.

3. Ferdinand Kramer, Institute of Pharmacology and Food Chemistry. Model, still without *brises-soleil*, ca. 1955. (Photo: Archiv Kramer.)
4. Ferdinand Kramer, Institute of Pharmacology and Food Chemistry. View from the south with covered connecting passage from the street to the lecture-hall cube and the elongated institute building with *brises-soleil*, shortly after completion early in 1958. (Photo: Herbert Schwöbel.)
5. Cover of *Bauwelt* from 11 August 1958.

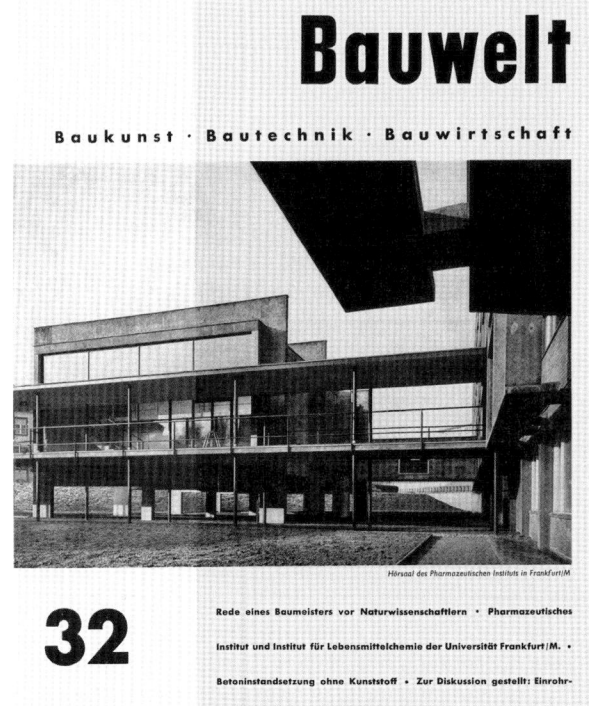

connected masses, illustrates all the principles of Kramer's work: Planning grid and structure are expressed by the concrete frame that was originally fair faced and not painted. This reinforced concrete frame carries through the whole building and takes up all forces. It provides a maximum of flexibility. The free arrangement of spaces is given at any time since there are no bearing walls inside: Neither in the two double loaded sections with a 3.50 m grid and a width of 15 m, nor in the front part with 19 m depth.

The friendly expression of the whole derives not least from the slim bright yellow-brown clinker brick of the parapets between the columns. Also contributing to the cheerful effect are the large windows, divided into three parts and forming horizontal ribbons on the north side while filling one bay each on the south side. As novelty these so-called Chicago windows had fixed thermopane glazing in the middle and simple double glazing in the open able side lights. Large glazing, sun protection and emergency stairs, these elements can be found in all Kramer buildings – albeit always in modified form.

Kramer's Pharmacology went down into the history of architecture. After his visit to Frankfurt the architect Friedrich Wilhelm Kraemer, professor of design and building types, founder of the trailblazing Braunschweig School of Architecture, wrote to the Frankfurt University master builder: »Such neat examples of complete concordance of function, construction and design as embodied in your university buildings are of high value for the education of young people; they substitute many theoretical discourses and lectures.«

Kramer defined his intention more curtly: »The building complex – the mutual work of architects and engineers – is to be a purely functional construction.« Yet, it is more. For instance the sun breakers, those clever and practical shading devices, give to the whole south elevation of the long building a special plasticity. The result: a nearly artificial effect. The whole building face is covered by changing patterns of light and shade. Plain functionality? Hardly. Playfulness dominates. Not without reason did Kramer modify the admired *brises soleil* of Le Corbusier for Frankfurt conditions. The partly prefabricated, partly cast-in-situ reinforced concrete panels are much more delicate than those used by the French-Swiss architect for buildings in sun drenched countries like Algeria or Brasilia, or his much noted Duval factory at quite cool Saint-Dié-de-Vosges.

The architectural magazine *Bauwelt*, published in Berlin, dedicated after the completion of construction a whole issue to the project. The cover showed Kramer's auditorium, walkway and sun breakers as a dynamic composition. The Institute of Pharmacology and Food Chemistry advanced quickly to a widely appreciated master piece of modern postwar architecture – yet was nearly forgotten afterwards. Improper renovations impaired its appearance – the sun breakers were removed in 1987, recast and remounted with exposed steel angles. Decade long intensive use and neglected maintenance did the rest. Like most buildings of the master builder, both institutes, which terminate the old university grounds at the south, were up for disposition – in spite of monument protection.

Since the University of Frankfurt little by little moves to the fringe of the town – humanities into the previous IG-Farben building at Grüneburgpark and the natural sciences to the far away Riedberg – many think this is the end of the Kramer buildings. Those sparse buildings rich in detail, which are closely tied to the Frankfurt School of Architecture and the return of Horkheimer and Adorno to Germany, they shall be for the most part demolished. It is the wish of building enterprises and real estate brokers.

Nevertheless, one building has been saved. Since the comprehensive renovation by the architects SSP SchürmannSpannel of Bochum the old Pharmacology is impressively back, now housing the Biodiversity and Climate Research Centre (BiK-F). The concrete skeleton with its expressive sun breakers and the lecture-hall cube, detached from the main building, are an architectural monument, exemplary also for a successful conversion. The planners from the Ruhr district managed to harmonize existing architectural qualities with new working requirements.

Where students once experimented, about 160 scientists of the Center for Biodiversity and Climate Research investigate today the trail of climate change and the reciprocal effect of changing weather and species diversity. What happens to natural communities with changing temperature? Molecular biological analysis of individual organisms ought to provide answers. Satellite supported remote sensing is among the methods used. The institute is carried by the Senckenberg Gesellschaft für Naturforschung, a venerable association, of which Goethe was among its founders. In 2008 it was founded as a joint venture of the Senckenberg Gesellschaft and the Goethe-Universität. It develops internationally recognized scenarios of the future. Until recently it worked in institute accommodations scattered throughout the university. Since June 2013 the climate experts work in their new domicile. Besides offices, the Kramer building again contains state-of-the-art laboratories and seminar rooms. There is also space for servers of the center for data and modeling, a laboratory for molecular biology, an optical and computing pool and a large store for drilling cores.

Funds for the big reconstruction were restricted. In total 21.7 million Euros were available through LOEWE – the state of Hesse's drive for the development of scientific and economic excellence. The Senckenberg Gesellschaft had to cover any budget overruns, meaning strict budgetary discipline. Was it at all possible in view of the tight budget to revitalize the old Kramer buildings for a new purpose? Architect Matthias Solbach of SSP who was in charge of the rehabilitation recalls: »This was the crucial question.«

A feasibility study by the planners confirmed the budget at the beginning of the project. After a two-stage competition and numerous presentations according to German contract procedures, Schürmann-Spannel fundamentally renovated the built ensemble from 2009 to 2013. Since the researchers needed a separate climate chamber to simulate varying light conditions in the desert or the Arctic, a small additional building had to be planned: the mesocosmic hall. So to speak a walk-in refrigerator for the simulation of different climatic situations. The architects from Bochum managed to persuade the client that such a structure would not fit in the low spot, which meanwhile was overgrown with trees. They attached the building that accommodates the additional building program skillfully on the other side to the north of the main building, where this high-tech space of 450 sqm disappears partially below ground.

darauf Antwort geben, satellitengestützte Fernerkundungen gehören ebenfalls zu den eingesetzten Methoden. Die Senckenberg Gesellschaft für Naturforschung, dieser traditionsreiche Verein, zu dessen Gründungsmitgliedern einst Goethe gehörte, ist Träger des Instituts, das Zukunftsszenarien entwickelt, die international beachtet werden. 2008 wurde es als Joint Venture von Senckenberg Gesellschaft und Goethe-Universität gegründet. Gearbeitet wurde bis vor kurzem in diversen Institutsräumen, verstreut über die gesamte Universität. Seit Juni 2013 forschen die Klimaexperten nun im neuen Domizil. Neben Büros verfügt der Kramer-Bau wieder über modernste Labor- und Seminarräume. Auch die Serverräume des Daten- und Modellierzentrums, ein molekularbiologisches Laborzentrum, ein Optik- und ein Rechner-Pool sowie ein großes Bohrkernlager haben im sanierten Haus ihren Platz gefunden.

Die Gelder für den großen Umbau waren knapp bemessen. Insgesamt 21,7 Millionen Euro standen im Rahmen der hessischen Landesoffensive zur Entwicklung wissenschaftlich-ökonomischer Exzellenz (LOEWE) zur Verfügung. Für jede Überschreitung hätte die Senckenberg Gesellschaft aufkommen müssen. Da war strikte Haushaltsdisziplin gefragt. Konnte es überhaupt gelingen, im Rahmen dieses knappen Budgets die alten Kramer-Gebäude für eine neue Nutzung zu revitalisieren? »Das war«, erinnert sich Matthias Solbach, der als Architekt bei SSP die Sanierung verantwortete, »die Gretchen-Frage.«

In ihrer Machbarkeitsstudie konnten die Planer das Budget zu Beginn des Projektes bestätigen. Und so wurde – nach zahlreichen Präsentationen im Rahmen eines VOF-Vergabeverfahrens, dem ein zweistufiger Wettbewerb zugrunde lag – das ganze Ensemble in der Zeit von 2009 bis 2013 durch SSP kernsaniert. Da die Senckenberg-Forscher zudem ein separates Klimalabor brauchten, in der sich wahlweise Lichtverhältnisse wie in der Wüste oder der Arktis herstellen lassen, war ein Neubau zu planen, die Mesokosmenhalle. Ein begehbarer Kühlschrank gewissermaßen. Hier lassen sich verschiedene klimatische Szenarien simulieren. Den Bochumer Architekten gelang es, ihren Auftraggeber davon zu überzeugen, daß ein solches Gebäude in der mittlerweile baumbestandenen Mulde fehl am Platz ist. Sie fügten den Bau, der das zusätzliche Raumprogramm aufnimmt, geschickt an die andere Seite nördlich des Hauptgebäudes an; die Hightech-Halle mit einer Grundfläche von circa 450 qm verschwindet teilweise sogar im Erdreich.

Es sei ein Glücksfall, sagt Matthias Solbach, »daß die neue Nutzung der alten durchaus verwandt ist«. Auch mit den knapp kalkulierten Kosten hatte der Planer kein Problem. »Kramer mußte mit äußerst wenigen Mitteln auskommen und konnte überzeugend demonstrieren, daß man auf Qualität nicht verzichten muß.« Wie er mit kleinem Budget ein großes Volumen bauen konnte, so Solbach, das grenze fast an Zauberei. Und sei doch in erster Line eine Frage von Disziplin und klaren Strukturen.

Solbach, der in Witten geboren wurde und an der Stadtgrenze zu Dortmund aufgewachsen ist, gerät beinahe ins Schwärmen: »Als Architekt ist mir die Formensprache von Kramer äußerst sympathisch. Die gelben Klinker der alten Pharmazie harmonierten perfekt

6. SSP SchürmannSpannel, Neubau des Technikums und Sanierung des Hochhauses für die Fakultät Maschinenwesen an der RWTH Aachen, 2005–2013. (Photo: Jörg Hempel.)
7. SSP SchürmannSpannel, Umbau des denkmalgeschützten Kaufhauses Kortum in Bochum, 1996–1998. (Photo: Joachim Schumacher.)
8. SSP SchürmannSpannel, Sanierung des Hochhauses der Deutschen Sporthochschule Köln, 2012/2013. (Photo: Jörg Hempel.)

6. SSP SchürmannSpannel, the newly built technical center and refurbisment of the tower building for the faculty of mechanical engineering at RWTH Aachen, 2005 to 2013. (Photo: Jörg Hempel.)
7. SSP SchürmannSpannel, conversion of the landmarked Kortum department store in Bochum, 1996 to 1998. (Photo: Joachim Schumacher.)
8. SSP SchürmannSpannel, refurbishment of the tower building of the Deutsche Sporthochschule Köln, 2012/2013. (Photo: Jörg Hempel.)

Also the tightly calculated costs were no problem for the planners. Matthias Solbach says: »It is a lucky stroke that the new use is related to the old one. Kramer had to do with very restricted means and convincingly demonstrated that he did not need to forgo quality. It bordered on wizardry how he was able to build such a big volume with a small budget. It is first of all a question of discipline and a clear structural concept.«

Solbach, who was born in Witten and grew up at the outskirts of Dortmund, waxes enthusiastically: »As architect I have a great affinity with Kramer's formal language. The yellow face brick of the old Pharmacology harmonizes perfectly with the grey concrete of the *brises soleil*. When I first saw the ensemble with its rough materials, the iron fire escape and the light brickwork, it reminded me at once of factories in the Ruhr district.«

35 years ago the associated planners established their office in Bochum where they still have their headquarters. In the Ruhr district they distinguished themselves with numerous projects of conversion. The modification of a pumping station to serve as an office building, the metamorphosis of a sewage treatment plant into a park, the rededication of a slaughter house to a multi purpose hall – they are typical projects in this region. All these transformations reach beyond the region, they are models for one of the biggest building challenge of the future: renewal and rehabilitation of previously industrial places and landscapes.

»We are specialists for rehabilitation, renovation and conversion«, explains Thomas Schmidt, principal of the SSP SchürmannSpannel AG. The renewal of the Bochum department store Kortum – rich in tradition and film location of the four TV-episodes of *The great Bellheim* – gave SSP countrywide reputation. And indeed recognition: In 2003 they received the federal prize for monument protection and preservation of historic structures for the considered treatment of the historical staircase and the natural stone façade.

The office has in-depth experience in the rehabilitation of university buildings, be it the expert opinion for an energy refurbishment or the renovation of a whole university unit. At the moment the architects are occupied with the general rehabilitation of the multi-story building of the Deutsche Sporthochschule Köln, built by Joachim Schürmann in 1980. In Aachen they deal with the rehabilitation of and additions to the aging Institute of Mechanical Engineering.

Solbach says: »We architects see ourselves sometimes as mechanical engineers. The separation of engineers and architects is obsolete. Today building tasks are much too complex to be solved by one person. The cooperation of architects and engineers in one office is indispensible.« He learnt this already during his studies at Dortmund Technical University. They practice there an academic concept unique in Germany: All participants in the construction process, city planners, architects and civil engineers study together in one faculty. The Dortmund model abolishes the separate formation of architects and engineers, existing since the 19th century. The dissociation of academies with artistic emphasis from the polytechnics on a pragmatic basis had fatal results. Nowadays the design of a building requires the architect to work with an engineer. For this

mit dem Betongrau der Brises-Soleil. Als ich das Ensemble mit seinen rohen Materialien, der eisernen Feuerleiter und den hellen Backsteinen zum ersten Mal sah, fühlte ich mich sofort an Produktionsgebäude im Ruhrgebiet erinnert.«

In Bochum wurde die Planergemeinschaft vor 35 Jahren gegründet, dort hat sie nach wie vor ihren Hauptsitz, im Ruhrgebiet haben sie sich mit zahlreichen Konversionsprojekten profiliert. Der Umbau eines Pumpwerks zum Bürogebäude, die Metamorphose einer Kläranlage zum Park, die Umwidmung einer Schachthalle zum Veranstaltungsraum – das sind zunächst reviertypische Bauaufgaben. Doch all diese Transformationen weisen über die Region hinaus. Sie sind modellhaft für eine der größten baulichen Herausforderungen der Zukunft: die Erneuerung und Rehabilitierung von einst industriell geprägten Orten und Landschaften.

»Wir sind Spezialisten in Sachen Sanierung und Umnutzung«, erläutert Thomas Schmidt, Vorstand der SSP SchürmannSpannel AG. Die Erneuerung des traditionsreichen Bochumer Kaufhauses Kortum – das auch als Drehort des TV-Vierteilers *Der große Bellheim* diente – hat SSP republikweit Reputation verschafft. Und eine Anerkennung zudem: Für die materialschonende Erhaltung des historischen Treppenhauses und der Natursteinfassade wurden sie 2003 mit dem Bundespreis für Denkmalschutz und Erhalt historischer Bausubstanz gewürdigt.

Mit der Sanierung von Hochschulbauten hat das Büro eingehende Erfahrung. Mal ist eine Expertise für eine energetische Sanierung gefragt, mal die umfassende Sanierung eines ganzen Institutsgebäudes. In Köln sind die Planer derzeit mit der Kernsanierung des Hochhauses der Deutschen Sporthochschule – einem Bau von Joachim Schürmann aus dem Jahr 1980 – befaßt, in Aachen stand der Neubau des Technikums und eine Grundsanierung des in die Jahre gekommenen Instituts für Maschinenbau an.

»Wir sehen uns Architekten gelegentlich selbst als Maschinenbauer«, sagt Solbach. Die Trennung von Ingenieuren und Entwerfern sei obsolet. »Bauaufgaben sind heute viel zu komplex, als daß sie von einzelnen allein gelöst werden könnten. Die fachübergreifende Zusammenarbeit von Architekten und Ingenieuren in einem Büro ist unabdingbar.« Das habe er bereits im Studium an der Technischen Universität in Dortmund gelernt. Dort wird ein in Deutschland einzigartiges Ausbildungskonzept praktiziert: Alle am Baugeschehen Beteiligten – Städtebauer, Architekten und Bauingenieure – studieren gemeinsam an einer Fakultät. Das Dortmunder Modell verspricht, die seit dem 19. Jahrhundert existierende Trennung zwischen Ingenieur- und Architektenausbildung aufzuheben. Hier die Akademie mit künstlerischem Schwerpunkt, dort das Polytechnikum mit pragmatischem Ansatz – diese Aufspaltung hat fatale Folgen. Bei der Konstruktion eines Gebäudes sind Architekten seither auf die Mitarbeit der Ingenieure angewiesen. Aus diesem Grund ist für die Dortmunder Hochschulreformer der Baumeister von einst, der durch seine umfassende Kompetenz sowohl architektonische als auch ingenieurmäßige Belange bei der Lösung einer Bauaufgabe berücksichtigen konnte, wieder eine aktuelle Figur.

Kooperation ist das große Thema, integrierte Planung das Ziel. Bei SSP gibt es keine unterschiedlichen Abteilungen im Büro »Mir gegenüber sitzt ein Gebäudetechniker, am nächsten Tisch die Zeichnerin neben der Auszubildenden«, erläutert Solbach. »Wir verstehen den Planungsprozeß integral und damit ist gemeint, daß wir Architekten mit unseren Stadtplanern, Haustechnikingenieuren und Sachverständigen an einem Tisch sitzen – von Beginn an.« Die Planung sei stets von dem Miteinander geprägt. Nicht nur in diesem Punkt fühle sich das Bochumer Büro dem Universitätsbaumeister Kramer verpflichtet, der die Entwürfe seiner Institute als gemeinsame Arbeit von Architekten und Ingenieuren begriff. Auch das analytische Vorgehen von SSP, ihre umfassende Bestandsaufnahme und das Antizipieren möglicher Entwicklungen, die einem jeden Bauprojekt vorangeht, ist Kramers Entwurfshaltung durchaus verwandt.

Zu Beginn eines Bauvorhabens – einerlei, ob es sich um eine Kernsanierung oder um einen Neubau handelt – erfolgt die eingehende Bestandsaufnahme. »Die Möglichkeiten, die in einem Hause stecken, zu identifizieren ist für uns zu einem wichtigen Planungsparameter geworden«, sagt Solbach. Neben der viel beschworenen Flexibilität und Wandelbarkeit rücke mehr und mehr die Drittverwendung in den Blick. Daß ein Gebäude im Laufe seiner Existenz mehrfach umgenutzt wird, davon kann man heute ausgehen. Manchen Bauherrn und der Industrie aber sei dies nicht immer bewußt. Gerade bei Bürogebäuden verändern sich die technischen Anforderungen permanent, ebenso in Forschungseinrichtungen. Im Laborbau etwa, das haben die SSP-Planer in ihren Expertisen herausgefunden, »ist es notwendig, daß in zehn Jahren Nutzungsdauer mindestens 20 Prozent der Fläche wesentlich umgebaut werden muß«. Tragende Elemente eines Gebäudes können die Nutzungsvielfalt stark einschränken. Oder aber, vorausgesetzt sie befinden sich an den richtigen Stellen, weitgehende Freiheiten zulassen – wie die Kramer-Bauten demonstrieren.

Ausbauraster, Stützweite und Geschoßhöhe: Diese Invarianten sind maßgeblich dafür, wie gut ein Gebäude sich umwandeln läßt. »Das Erkennen des Potentials für eine zukünftige Umrüstung und die damit einhergehenden Kosten verbinden wir mit dem Begriff ›Gebäude-DNA‹«, erläutert Matthias Kraemer, Vorstandsvorsitzender der SSP SchürmannSpannel AG. Entscheidend sei die Frage, ob ein Haus über Strukturen verfüge, die multiple Verwendungen zulassen. »Das ideale Gebäude«, weiß Kraemer, »ist nicht nur für eine Nutzung prädestiniert, sondern hat viele Eigenschaften – wie ein Zehnkämpfer.« Ein Gebäude dagegen, daß wie ein Maßanzug für einen speziellen Gebrauch geschneidert ist, sei häufig nur schwer für neue Anforderungen umzurüsten.

Wie und ob sich Flexibilität und Funktionalität vereinen lassen, darüber wurde stets heftig debattiert. Jene Architekten, die den Zweck allein zum obersten Maßstab erhoben, mußten sich immer wieder fragen lassen, was denn passiert mit all ihren reinen Zweckbauten, wenn sich ihre Funktionen im Lauf der Zeit ändern? Die Auseinandersetzung zwischen Mies van der Rohe mit Hugo Häring, dem Exponenten »organhaften Bauens«, ist exemplarisch. Häring schnitt die Räume exakt auf die einem Gebäude zugedachte Nutzung zu und minimierte, wo er konnte, während Mies sie eher neutral, aber weitläufig plante. »Menschenskind, mach doch die Bude einfach groß genug, dann kannste alles darin anstellen und mußt dich nicht nur in einer vorgeschriebenen Richtung bewegen«, habe er seinem

9. SSP SchürmannSpannel, Neubau »Schwarzer Kubus«, Schachthalle und Fördergerüst mit Colani-UFO im Technologiezentrum Lünen, 2007 bis 2009. (Photo: Joachim Schumacher.)
10. SSP SchürmannSpannel, Umbau und Erweiterung des ehemaligen Betriebsgebäudes der Kläranlage Läppkes Mühlenbach in Oberhausen, 2000–2003. (Photo: SSP SchürmannSpannel.)

9. SSP SchürmannSpannel, the newly built »Black Cube«, shaft building and hoist frame with UFO by Colani in the Lünen technology park, 2007–2009. (Photo: Joachim Schumacher.)
10. SSP SchürmannSpannel, conversion and expansion of the former operation building of the Läppkes Mühlenbach sewage plant in Oberhausen, 2000–2003. (Photo: SSP SchürmannSpannel.)

reason the Dortmund reformers consider the master builder, who applies his comprehensive knowledge in architectural and engineering matters to a building task, again as an up-to-date figure.

Cooperation is the big theme, integrated planning the aim. SSP do not have different sections in their office. Solbach explains: »Facing me sits a services engineer, at the next table a draftswoman and next to her a trainee. We have an integrated planning process; from the beginning on we are sitting together with city planners, mechanical engineers and other specialists.« Planning is a joint effort. Not only in this way the Bochum office feels indebted to university builder Kramer, who considered his designs the mutual work of architects and engineers. Also the analytical procedure of SSP matches Kramer's design approach, their comprehensive stock-taking and the anticipation of possible developments.

At the beginning of a project – be it rehabilitation or new construction – a detailed review of the situation identifies possible options and opportunities. »An important parameter for planning are the possibilities inherent in a building«, says Solbach. Besides the much evoked flexibility and changeableness, a later conversion must be taken into consideration. Today it has to be foreseen that a building will have different utilizations in the course of its existence. Industry and some clients are not always aware of this. Particularly in office buildings technical requirements are changing all the time, as they are in research facilities. SSP found out: »In laboratories every ten years at least 20 percent of the area needs to be profoundly rearranged.« Structural elements may greatly restrict functional variability or they can offer great freedom if they are correctly positioned – as Kramer's buildings demonstrate.

Design module, structural grid and floor height: These invariances are controlling the changeability of a building. »We call the perception of the potential for future conversion and the attached costs the building's DNA« explains Matthias Kraemer, director of SSP SchürmannSpannel AG. The question of a building allowing many possibilities is decisive. Kramer knows: »The ideal building is not designed for one particular use, but has many properties – like a decathlete.« In contrast, a building designed like a tailor-made suit may be difficult to adapt for new requirements.

How and if flexibility and functionality can be combined has ever been a matter of debate. Those architects who made function their guiding principle were time and again asked what would happen with their »pure functional buildings« when requirements should change with time. The dispute between Mies van der Rohe and Hugo Häring – the exponent of »organic building« – is exemplary. Häring tailored the rooms of a building to exactly meet their function and minimized wherever he could, while Mies planned large neutral spaces. »Dear fellow, simply make your shack big enough and you can put anything you want wherever you want, without sticking to a given way«, Mies told his friend Häring – or so Mies claims. The master of steel structures did not see the relationship of form and function too narrowly. He planned universal spaces that could be used in many ways, yet had quite specific architectural qualities. In 1954 he built the famous Crown Hall, an exemplary open space for multiple uses, the main building of the College of Architecture, Planning and Design on the large campus of the Illinois Institute of Technology (IIT) in Chicago.

Kramer thoroughly studied the IIT campus, as his university planning shows. But IIT's generous layout could hardly serve for his guidance. While Mies could

Freund Häring einmal geraten, so zumindest hat Mies die Geschichte kolportiert. Die Relation zwischen Form und Zweck faßte der Meister des Stahlskelettbaus nicht sonderlich eng. Er plante universale Räume, die zwar durchaus spezifische architektonische Eigenschaften besitzen, sich aber auf unterschiedliche Weise gebrauchen lassen. Den nutzungsvariablen Universalraum ohne detaillierte funktionale Festlegungen hat er 1954 exemplarisch mit seiner berühmten Crown Hall entworfen, dem Hauptgebäude des College of Architecture, Planning and Design auf dem Campus des Illinois Institute of Technology (IIT) in Chicago.

Kramer hat den IIT-Campus – das zeigen seine Universitätsplanungen – eingehend studiert. Doch zur konkreten Orientierung konnte die großzügige Anlage kaum taugen. Während Mies in Chicago eine leergeräumte Fläche von immensem Ausmaß bebauen konnte, war Kramer in Frankfurt gezwungen, den Großteil seiner Institute in den Bestand von vorhandenen Gebäuden einzufügen. Hinzu kommt: Effizienz und Mut zum Experiment waren für ihn keine Gegensätze. Gebaute Manifestationen waren Kramers Sache nicht; Und so finden wir auch keinen reinen Universalraum à la Mies van der Rohe in seinen Campus-Bauten, auch wenn die Mensa von 1963 dem Konzept des multifunktionalen Raumes durchaus nahekommt. Diese »geradlinige, vollklimatisierte, rechteckige Box«, wie der Kunsthistoriker Nikolaus Pevsner lobte, wurde nicht nur als Speisesaal, Milchbar und Caféteria genutzt, sondern gelegentlich auch als Ausstellungs- und Veranstaltungsraum. Hier fanden in den studentenbewegten Jahren um 1968 die großen Teach-ins statt, zahlreiche Feste ebenso, zudem die Bundesdelegiertenkonferenzen des Sozialistischen Deutschen Studentenbunds (SDS).

Schematismus war Kramer fremd. Auch der maßgeschneiderte, rein monofunktionale Raum entsprach seinen Vorstellungen nicht. Bevor er seine Institute entwarf, suchte der Universitätsbaumeister zwar die Anforderungen der Wissenschaftler in Fragebögen zu ermitteln, doch ein allzu starres Raumprogramm sollte sich daraus nicht entwickeln. Genauso wichtig nämlich war die Frage, wie Institutsgebäude sich stets verändernden Anforderungen anpassen können. »Wir wußten, daß der nächste Institutsdirektor möglicherweise vollkommen andere Vorstellungen hat«, erinnert sich Walther Dunkl, der als junger Architekt Bürochef in Kramers Bauamt war. »Kramer hatte eine überzeugende Idee: Die Bauten müßten wie Gerüste beschaffen sein, die jederzeit verschiedene Nutzungen zulassen.« Die freie Disposition von Zwischenwänden sollte eine Umnutzung ohne großen Aufwand erlauben.

Bereits 1928 hatte Kramer in einem Aufsatz für die Zeitschrift *Stein, Holz, Eisen* die Möglichkeiten der damals relativ neuartigen Stahlbetonskelettbauweise aufgezeigt: »Die Wand hat – nachdem das Skelett alle statischen Funktionen erfüllt – keine selbständige konstruktive Bedeutung mehr, sie kann an jeder beliebigen Stelle errichtet oder fortgelassen werden.« Folglich lassen sich auch Fenster nach Belieben einfügen und vergrößern, bis sie wie ein Band von Stütze zu Stütze laufen. Damit nicht genug: Ganze Bauteile können demontiert werden, ohne daß die Konstruktion gefährdet ist. Beim Bau der Biologischen Institute – sie können als Vorläufer der Pharmazie gelten – hat Kramer dann vorgeführt, daß Flexibilität und Rastermaß keinesfalls zu monotonen Lösungen führen müssen: Entlang der Längsseiten der Gebäude finden sich Loggien als Arbeitsbalkone neben voll verglasten oder mit Klinkern ausgefachten Flächen. Mögen sich auch diese Vor- und Rücksprünge in erster Linie funktionalen Anforderungen verdanken, das Resultat ist ästhetisch absolut überzeugend: eine äußerst belebte Fassade.

Was für das Raumprogramm der einzelnen Institute galt, war auch bei der gesamten Anlage des Campus zu berücksichtigen: Flexibilität, wie das Prinzip einmal mehr lautete. »Die Planung von Universitätsbauten«, schrieb Kramer 1960, »muß eine Anzahl von unvorhersehbaren Faktoren als Möglichkeit einkalkulieren.« Leider aber befaßten sich Institutsleiter und Professoren selten mit der Vorausplanung. Er dagegen mußte die gesamte Entwicklung im Blick haben. Rasch steigende Studentenzahlen, veränderte Curricula und neue Kooperationsformen machten eine vorausschauende Planung schwierig. Deshalb wies er in seinen alle ein bis zwei Jahre modifizierten Bebauungsplänen große Flächen als »Platzreserven« aus – und stieß damit bei manchen Professoren auf Unverständnis. »Die ›Reserve‹ ist bei den Prüfungsinstanzen ein verpöntes Wort«, stellte Kramer fest. »Gewohnt an karge, und oft unzulängliche Budgetsummen, begnügen sich die Institutsdirektoren mit der Bewältigung der augenblicklichen Probleme.« Er aber interessierte sich für die kommenden Dinge. Präzise analysierte er die Schwierigkeiten, mit denen beim Aufbau der Universität zu rechnen war.

War Kramer ein pragmatischer Planer? Oder eher Avantgardist? Als junger Diplom-Ingenieur hat er in den Notzeiten nach dem ersten Weltkrieg, nach einem Studium bei Theodor Fischer und wenigen Monaten am Bauhaus, zahlreiche Kleinmöbel entworfen, Blechtöpfe, Kannen und Lampen für jedermann. Gebrauchsgegenstände, die Siegfried Kracauer 1924 in der *Frankfurter Zeitung* würdigte als »Dinge, die die unglaubwürdige Geste der Individualschöpfung vermeiden«. Vor allem von den »Eisenöfen des Frankfurter Architekten« war der Kritiker und Schriftsteller angetan. Eine Erfindung, die für Aufsehen sorgte: der »Kramerofen«, ein Allesbrenner, wurde zu einem viel verkauften Modell. Später arbeitete der Tüftler, dessen »konstruktive Energie« Kracauer so rühmte, im Team von Ernst May, dem Stadtbaurat, der antrat, das *Neue Frankfurt* zu entwerfen. Ein Bauprogramm erstaunlicher Größenordnung, in dessen Rahmen 24 Siedlungen gebaut wurden, die sich wie ein Kranz um die Stadt legen. Als Mitarbeiter der Abteilung Typisierung und Planung im Hochbauamt entwarf Kramer Siedlungsbauten – die Laubenganghäuser in Westhausen etwa – und war mit der Einrichtung von »Wohnungen für das Existenzminimum« befaßt. »Uns interessierte der Kochtopf, nicht die Vase«, hat Kramer später rückblickend gesagt. Durch die Weltwirtschaftskrise wurde der Frankfurter Traum von einer umfassenden »Großstadt-Gestaltung« zunichte gemacht. May und sein Mitarbeiterstab gingen 1930 in die Sowjetunion. Kramer emigrierte 1938 in die Vereinigten Staaten, nachdem seine Arbeiten in einer Frankfurter Ausstellung als »entartete Architektur« diffamiert worden waren und er Berufsverbot erhielt. Auch wenn Kramer in der Emigration wenig gebaut hat und mehr als Designer hervortrat, sind seine Universitätsbauten ohne die amerikanische Erfahrung kaum zu denken.

Kramer sprach bewundernd vom »Präriewesen« der Amerikaner, von der Bindungslosigkeit, Beweglichkeit

11. Ludwig Mies van der Rohe, S. R. Crown Hall (School of Architecture and Design), Illinois Institute of Technology, Chicago, 1950–1956. (Photo: Bill Engdahl, Hedrich-Blessing Studio.)
12. Ferdinand Kramer, verglaster Verbindungssteg und Biologisches Institut, 1970er Jahre. (Photo: Stadtarchiv Frankfurt am Main.)
13. Ferdinand Kramer, Mensa, kurz nach der Fertigstellung 1963. (Photo: Stadtarchiv Frankfurt am Main.)
14. Der 31jährige Ferdinand Kremer mit seiner Mercedes-Limousine, Typ 8, vor den Siedlungshäusern in Frankfurt-Westhausen, 1929. (Photo: Wolff & Tritschler.)

11. Ludwig Mies van der Rohe, S. R. Crown Hall (School of Architecture and Design), Illinois Institute of Technology, Chicago, 1950–1956. (Photo: Bill Engdahl, Hedrich-Blessing Studio.)
12. Ferdinand Kramer, glazed passage bridge and Institute of Biology, 1970s. (Photo: Stadtarchiv Frankfurt am Main.)
13. Ferdinand Kramer, canteen, shortly after completion in 1963. (Photo: Stadtarchiv Frankfurt am Main.)
14. 31-year old Ferdinand Kremer with his Mercedes sedan, type 8, in front of the housing estate in Frankfurt-Westhausen, 1929. (Photo: Wolff & Tritschler.)

build in Chicago on very extensive cleared grounds, Kramer was compelled in Frankfurt to fit most of his institutes between existing buildings. Also, efficiency and courage for experimentation were not opposites for him; built manifestation was not Kramer's thing. Therefore we do not find among his campus buildings a pure universal space à la Mies van der Rohe, although his university cafeteria of 1963 comes close to the concept of a multi-functional room. »This straight edged, air-conditioned rectangular box«, as the art historian Nikolaus Pevsner notes, was not only used as dining space, milk bar and cafeteria, but sometimes also for exhibitions or other events. Here took place large teach-ins during the student-movement days around 1968, as well as numerous feasts and the federal conference of the German socialist students' association (SDS).

Formalism was unknown to Kramer, neither did custom-made mono-functional spaces correspond with Kramer's ideas. Before designing his institutes the university planner tried to find out the scientists' requirements by means of questionnaires, but a fixed building program did not derive from them. Because of equal importance was the question how those institutes could be adapted to ever changing requirements. »We knew that the next director of an institute probably has completely different ideas«, recalls Walther Dunkl, who headed Kramer's building authority as a young architect. »Kramer had a convincing idea: Buildings should be like scaffolds, ever ready for novel utilization.« The free disposition of windows and partitions allowed conversion at small expense.

Already in 1928 Kramer pointed out in the periodical *Stein, Holz, Eisen* the possibilities of reinforced concrete skeleton construction, rather a novelty at the time. »Since the skeleton fulfills all structural requirements, the wall is of no supporting significance. It can be placed or removed anywhere.« Accordingly, windows can be placed at will, can be enlarged to ribbens from column to column. Furthermore, whole building parts can be dismounted without harming the structure. Kramer demonstrated in the Biology Institute buildings – they can be seen as harbingers of Pharmacology – how flexibility and module do not necessarily lead to monotonous solutions: Along the length of the building are loggias for open work spaces next to fully glazed or brick faced surfaces. Although these projections and recesses are due mainly to functional requirements, they result in an aesthetically fully convincing, very lively elevation.

What applied to the building program of individual institutes also had to be considered for the planning of the whole campus. In 1960 Kramer wrote: »Planning of universities must allow for a number of unforeseeable factors.« Unfortunately, directors of institutes and professors rarely bothered with forward planning. In contrast, he had to have the whole development under control. Fast growing numbers of students, changing curricula and new forms of cooperation rendered advance planning difficult. In the master plan that was modified every year or two, he therefore set apart large areas as »reserves«, meeting with a lack of understanding by some professors. He concluded: »The authorities frown upon the word ›reserve‹, they are used to meager budgets and contend themselves with solving the problems of the moment.« Kramer was interested in the future. With precision he analyzed the problems that were likely to arise during construction.

Was he an avant-gardist or rather a pragmatic planner? In the times of need after World War I, as a young graduate (Diplom-Ingenieur) after studies at Theodor

und Aufgeschlossenheit Neuem gegenüber, auch von ihrer Vorliebe für praktische Konstrukte. Ihm imponierten die »knockdown houses« etwa, jene portablen Fertighäuser, die überallhin mitgenommen werden konnten, ebenso die »balloon-frame houses«, die selbst der Laie in wenigen Tagen montieren kann. Alles schien logisch zu sein, selbstverständlich geradezu. Und das sollte auch für seine Architektur gelten. Sind seine Bauten eben doch nichts als reine Zweckbauten? »Keine Form ist gänzlich aus ihrem Zweck geschöpft«, bemerkte Adorno – zu dessen Freundeskreis Kramer zählte – in seiner vielbeachteten Rede, die er 1965 auf einer Werkbund-Tagung in Berlin hielt. Gewiß, Kramers Bauten zeichnen sich durch einen hohen Gebrauchswert aus. Aber eben auch durch einen ausgeprägten Formwillen.

Das Betonfachwerk, das mit Klinkern ausgefacht ist und als tragendes und stützendes Bauelement sichtbar bleibt: Das sind Akzente im Raster, Charakteristika der meisten Universitätsbauten. »Sie sind sofort erkennbar, sie haben eine einheitliche Haltung: nicht grundsätzlich anders als die Bauweise, die am Ende der zwanziger Jahre entwickelt war, nur belebter, leichter, farbiger, phantasievoller«, lobte 1968 Hans Gerhard Evers, der als Ordinarius für Kunstgeschichte an der Technischen Hochschule Darmstadt Generationen von Architekten in Bauhistorie unterwies. Den Universitätsinstituten fehle »der gewisse Trotz, der bei den Bauten um 1920 nicht wegdiskutiert werden kann, das gewisse Weltbeglückungspathos, das mit dem Pioniergefühl verbunden war«.

Kramers Sinn für praktische Lösungen, sein technisches Ingenium, schienen die Sanierung und Umrüstung der alten Pharmazie leichtzumachen. »Er hat unglaublich materialschonend gebaut«, sagt Matthias Solbach, »filigran, aber stabil.« Die Stützen sind extrem schlank, die Treppen fein ausgeführt, die Betonrippendecken äußerst dünn, lediglich 5 cm stark. Trotzdem können sie bis zu 500 kg Lasten pro Quadratmeter aufnehmen. Alles hat er ausgereizt bis zum Äußersten. »Der Umbau«, resümiert Solbach, »war häufig überraschend, gelegentlich nicht ganz unkompliziert.« Doch immer ein hochinteressanter Prozeß, zu dessen Beginn eine umfassende Dokumentation entstand.

Systematisch haben sie das Gebäude aufgenommen. Jeden einzelnen Raum und die gesamte Kubatur in einem Buch photographisch festgehalten; in Plänen alle Veränderungen dokumentiert, die während der über 50 Nutzungsjahre ausgeführt wurden. Auch ein Schadbildkataster haben die Bochumer Planer angelegt und mit einem Restaurator die ursprüngliche Farbgestaltung sämtlicher Oberflächen im Inneren und Äußeren untersucht: den Anstrich der Türblätter, der Zargen, der Fenster. Dann erst wurde der gesamte Betonskelettbau weitgehend von seinen Innereien befreit und auf seine Rohbaustruktur zurückgeführt. Lediglich Tragstruktur und Treppen blieben stehen, das Klinkermauerwerk ebenso; es wurde gereinigt und dort, wo es notwendig war, neu verfugt.

Sollte man – weil man nun schon einmal beim Sanieren war – nicht auch nachträgliche Veränderungen zurückbauen? Das war eine Frage, die während des Projektes immer wieder gestellt wurde. Wäre es beispielsweise nicht schön, die Stahlwinkel der Brises Soleil zu streichen oder gar den gesamten Betonsonnenschutz neu zu gießen? Architekt Solbach verneint und hat eine plausible Antwort: »Eine Rückführung in den Originalzustand käme einer Musealisierung gleich.« Gebrauchsspuren und Veränderungen wolle er nicht völlig eliminieren. Das Ertüchtigen und Erhalten sei ohnehin angemessener als das Ersetzen und Nachempfinden. »Außerdem gehört es sich für uns nicht, ein noch funktionierendes Bauteil wegzuschmeißen. Das ist Resultat einer Renovierung von 1987, und das soll auch so ablesbar bleiben.« Eine Rekonstruktion des ursprünglichen Zustands verbat sich – nicht nur angesichts des knappen Budgets.

Weder die ursprüngliche Aufteilung der Glasfront des Hörsaal-Kubus – die Profile hatte man schon in den 1960er Jahren ausgetauscht – noch das Hörsaalgestühl waren zu rekonstruieren. Auch beim östlichen Gebäudeteil der ehemaligen Pharmazie haben die Planer einen Rückbau verworfen. Ursprünglich war nämlich die Fläche unter dem aufgeständerten Gebäude weitgehend frei, lediglich eine kleine Hausmeisterwohnung befand sich dort, ansonsten war viel Platz zum Abstellen von Fahrrädern zwischen den Stützen. Doch dann wurden in den 1980er Jahren Wände zwischen den Stützen hochgezogen, es wurde nachverdichtet, wie man heute sagt. Natürlich wollte das Forschungszentrum BiK-F auf die Räume, die seinerzeit entstanden, nicht verzichten; Aquarien und Terrarien brauchen Platz. Doch die Souterrainfenster konnten von ihren häßlichen Gittern befreit werden, ersetzt durch einbruchsichere Fassadenelemente.

Die charakteristischen Bestandteile des Gebäudes aber blieben im Originalzustand erhalten. Das skulptural anmutende Haupttreppenhaus mit seiner rohen Betoneinfassung etwa, das von einer Glasbausteinwand belichtet wird; auch die stählerne Nottreppe, die in eine Nische an der östlichen Stirnwand integriert ist. Zwar waren Prüfstatiker der Meinung, diese wunderbare offene Treppenanlage müsse komplett erneuert werden, eine DIN-Norm verlange nun einmal, daß Geländer und Handläufe in einem öffentlichen Gebäude für eine seitliche Aufprallast von 100 kg gerüstet seien. Die Architekten von SSP konstruierten einen belastbaren Holm. Und die Treppen konnten bleiben.

Viele neue Lösungen mußten gefunden werden. Eine Deckenheizung – wie ursprünglich vorhanden – wäre heute in den Instituten kaum effizient. Die neu eingebauten Heizkörper sind dezent, und die im Hörsaal eingesetzten runden Radiatoren – man kennt sie aus dem Industriebau – passen vor den Glasbausteinen exakt ins Bild, wie auch das neue Gestühl. Der gesamte Hörsaal wurde mit moderner Technik ausgestattet und soll künftig auch als Multimedia-Raum genutzt werden. Hier wird sichtbar, wie sich neues Equipment in ein altes Gebäude integrieren läßt, ohne Abstriche bei der Gestaltung zu machen: Alles atmet Großzügigkeit – bis ins Detail. Auch die frei strahlenden dünnen Neonröhren in den Fluren tragen zum frischen Erscheinungsbild im Inneren des Instituts bei; die Bochumer Architekten haben sie zu einem Lichtband gefügt, das effektvoll die horizontale Erschließung der Bauteile akzentuiert. Mitunter mußten allerdings Kompromisse gesucht werden: Statt schwarzem Linoleum – wie in allen Kramer-Instituten – sollte es dunkelgrauer Nadelfilz sein, das wünschte der Bauherr. Im östlichen Gebäudekopf sowie im Treppenhaus finden sich dunkelgrüne Kautschukböden, entsprechend der Logo-Farben des Nutzers.

»Daß die Veränderbarkeit Teil des Konzepts war«, sagt Solbach, »haben wir bei der Sanierung schnell ge-

15. Ferdinand Kramer, Institut für Mathematik und Physik I. Die Brises-Soleil wurden 1987 demontiert. (Photo: Michael Schlecht.)
16. Ferdinand Kramer, Institut für Pharmazie und Lebensmittelchemie. Treppe zur Freifläche unter dem Erdgeschoß des östlichen Kopfbaus. Mittlerweile befinden sich hier Institutsräume.
17. Ferdinand Kramer, Institut für Pharmazie und Lebensmittelchemie. Stählerne Notteppe, in die östliche Stirnwand des Längsbaus integriert, aufgenommen 1987. (Photo: Michael Schlecht.)

15. Ferdinand Kramer, Institute of Mathematics and Physics I. The *brises-soleil* were removed in 1987. (Photo: Michael Schlecht.)
16. Ferdinand Kramer, Institute of Pharmacology and Food Chemistry. Stairway to the open space under the ground floor of the eastern front building. In the meantime the space is occupied by rooms of the institute.
17. Ferdinand Kramer, Institute of Pharmacology and Food Chemistry. Steel fire escape, integrated in the eastern front wall of the longitudinal structure, photographed in 1987. (Photo: Michael Schlecht.)

Fischer and a few months at the Bauhaus, he designed many small furnishings, metal pots, cans and lamps for everybody. Articles of daily use that Siegfried Kracauer appreciated in the *Frankfurter Zeitung* of 1924 as »things avoiding the fake gesture of unique creation«. Above all the »iron stove by the architect from Frankfurt« delighted the critic and writer. The invention of the »Kramerstove« caused a sensation, this burn-anything oven became a much sold model. This punctilious person, whose »constructive energy« Kracauer praised so much, worked later in the team of Ernst May, the building commissioner who set out to plan the »New Frankfurt«. The building program had an impressive scope, 24 settlements surrounding the city were to be built. As member of the section for planning and standardization in the building department, Kramer designed residential quarters, for example single-loaded apartment blocks with open access balconies in Westhausen. He concerned himself with the furnishing of »dwellings with minimal requirements«. In retrospect Kramer said: »We were interested in the cooking pot not in the vase.« The Great Depression foiled the Frankfurt dream of the comprehensive design of a metropolis. May and his team left in 1930 for the Soviet Union. Kramer emigrated in 1938 to the United States, after his work was defamed in a Frankfurt exhibition as »degenerate architecture« and was banned from the profession. Although Kramer built little during emigration and rather emerged as designer, his university buildings can hardly be imagined without his American experience.

Kramer admired the »prairie character« of the Americans, their detachment, mobility and openness for anything new, and their penchant for practical construction. He was impressed by the knockdown houses, those portable prefabs, which could be taken anywhere, or the balloon-frame houses that could be put up even by laymen in a few days. Everything was logical, even matter-of-fact. This should also apply to his architecture. Are his buildings then nothing but purely utilitarian constructions? Adorno, who belonged to his circle of friends, said in a widely noted speech at the 1965 Werkbund conference in Berlin: »No form is entirely derived from its purpose.« Certainly, Kramer's buildings are distinguished by their highly functional quality, but also by a distinct strength of design.

The concrete frame with its light yellow clinker infill, exposing the bearing parts, is characteristic for most of the university buildings designed by Kramer. In 1968 Hans Gerhard Evers, who as professor of art history at Darmstadt Technical University taught generations of architects the history of architecture, complimented Kramer as follows: »They are immediately recognizable; they express a common design attitude, not really different from the way buildings were conceived at the end of the nineteen twenties, only livelier, lighter, and more colorful, with more fantasy. They lacked the defiance of the 1920 buildings that we cannot deny, that pathetic blessing of the world, connected with a pioneering stance.«

Kramer's sense for practical solutions, his technical ingenuity, seemed to facilitate the rehabilitation and conversion of the Old Pharmacology. Matthias Solbach states: »Kramer built with a minimum of material, delicate but stable.« For instance, the ribbed concrete slabs of the institutes are only 5 cm thick but can carry up to 500 kg per sqm. »The alteration was often surprising, occasionally not uncomplicated«, concludes Solbach. But it always was a very interesting process, beginning with the comprehensive documentation.

The buildings were systematically surveyed. Each single room and the whole volume were photographically recorded in a book; all changes made during 50 years of occupation were documented in plans. The Bochum planners prepared a register of defects and together with a restorer they investigated the original coloring of all interior and exterior surfaces: the paint on door leaves, frames and windows. After this the whole concrete skeleton was cleared of its contents and reduced to its rough construction state. Only the structural members and stairs remained, as well as the clinker brickwork, which was cleaned and pointed as required.

While rehabilitating, would it not be advisable to recondition later alterations? During the project this question was raised time and again. For instance, would it not be nice to repaint the angle irons of the *brises soleil*, or even recast the sun brakes altogether? Architect Solbach answers in the negative and explains: »A return to the original condition would amount to museumization.« Traces of utilization and modification should not be totally eliminated. Retrofitting and preservation are more appropriate than replacement and empathy. »It is not proper for us to throw away a working component. It dates from the 1987 renovation and should be recognizable.« A return to the original condition was not possible – not only in view of the tight budget.

Neither the original division of auditorium glazing – already in the 1960s the sections had been exchanged – nor the auditorium seating could be rebuilt. The planners also discarded the reconstruction of the eastern part of the previous Pharmacology. Originally the whole area under the stilted building was free, only a small caretaker flat was there and much space for bicycle parking between the columns. But then, in the 1980s, walls were put up between the supports. We would call it today densification. Naturally, the LOEWE research center did not want to forgo the extra room; aquariums and terraria need space. But the subfloor windows were freed from their ugly grilles, being replaced by burglar proof elements.

Characteristic building parts were kept in their original condition. For instance the sculptural main staircase with its rough concrete enclosure, illuminated through a wall of glass brick; or emergency stairs made of steel and integrated into a recess of the eastern front. The controlling engineers thought that the amazingly open stairway needed to be completely renewed since the DIN-standard required that banister and handrail in public buildings had to resist a lateral force of 100 kg. The architects of SSP designed a massive side rail and the stairway could stay.

Many solutions had to be found. Radiant ceilings – as originally existing – today are no more efficient. The newly installed heating is unobtrusive, the tubular radiators in the auditorium – we know them from industrial buildings – look perfectly in front of the glass block wall, as does the new seating. The whole auditorium was furnished with state-of-the-art technology and shall be used as a multi-media space. We can see how new equipment can be integrated into an old building without sacrificing appearance. Everything exudes generousness – to the last detail. The exposed thin

merkt.« So hatte Kramer Einzelschächte für Nachinstallationen vorgesehen. Da die Einzelschächte aber heute nicht mehr gebraucht werden – ein großer Sammelschacht nimmt die Installationen auf – haben die Bochumer Planer diese Flächen den Räumen zugeschlagen. Durch die Verbreiterung der Flure konnten zudem vor den Außenbalkonen Bereiche zum informellen Austausch entstehen; Orte, die Möglichkeiten zum zwanglosen Gespräch schaffen.

Bei der Sanierung eines Gebäudes, das wie die alte Pharmazie in großen Teilen unter Denkmalschutz steht, sind Architekten gehalten, Maßnahmen zur Energieeinsparung sorgsam mit den baukulturellen Belangen abzuwägen. Eine energetische Ertüchtigung eines geschützten Gebäudes ist bislang nicht zwingend vorgeschrieben. Doch damit wollten sich die Bochumer Planer nicht zufriedengeben. »Um Ziele des Klimaschutzes zu erreichen«, unterstreicht Solbach, »muß die Sanierungsquote von Bestandsbauten erhöht werden.« Da dürfe der Denkmalschutz keine Ausnahme machen. Bei einem modernen Institut wie dem BiK-F, das selbst Klimaforschung betreibt, könne man energetische Aspekte ohnehin nicht ignorieren. Folglich spielten Aspekte der Nachhaltigkeit bei der Sanierung eine wichtige Rolle.

Alle Einsparmaßnahmen wurden mit dem Denkmalschutz abgestimmt; die Umsetzung der Fassadensanierung, ebenso die neuen Holzfensteranlagen. Durch die Innendämmung sollten sich weder räumliche Eindrücke noch die Haptik verändern, das war den Planern wichtig. Sie nutzten Calciumsilikat-Platten und Porenbeton-Steine, die mit einem Kalkzement-Mörtel auf das vorhandene Mauerwerk gefügt und eingeputzt wurden. Dies ergibt einen monolithischen Wandaufbau, der in seinem ganzen Querschnitt bauphysikalisch wirksam ist. Im Zuge der Dämmung wurden die Dächer mit einer vielfältigen, an den speziellen Ort gut angepaßten Vegetation begrünt. Die Büroräume sowie die Labore erhielten eine mechanische Belüftung mit hocheffizienter Wärmerückgewinnung. Bei der Beheizung über eine Gasbrennwerttherme wird nun der Brennstoff effizient genutzt. Und damit nicht genug: Die Lichtsteuerung erfolgt tageslichtabhängig und wird über Präsenzmelder gesteuert. Der Energieausweis für das Gebäude erreicht beinahe die in der aktuellen Einsparverordnung (EnEV) vorgesehenen Werte für Neubauten. »Wir haben bei unseren Instandsetzungen von bestehenden Gebäuden noch kein Projekt bearbeitet, das sich so gut an die notwendigen Bedingungen der heutigen Zeit anpassen ließ«, resümiert Solbach.

Wie läßt sich das Erbe eines Mannes bewahren, der Frankfurts Baugeschehen zweimal mit herausragender Gestaltung prägte – in kargen Nachkriegsepochen. Es braucht Aufmerksamkeit, um die Architektur verkannter Zeiten zu schätzen. Man muß Augen haben, einen Sinn für ihre Details möglicherweise, um die Eleganz ihrer Einfachheit, die Finesse ihrer Konstruktionen zu erkennen. Vielleicht muß man Augenmensch und Aufklärer sein wie der Regisseur und Schriftsteller Alexander Kluge, um die Frankfurter Universitätsbauten als eine der »glänzendsten Bauleistungen« der Jahre nach 1945 begreifen zu können. Dieser Campus, prophezeite Kluge 1962, habe eine große Zukunft: »Ich bin sicher, daß mehr noch als das, was in dieser Universität geschieht, das Gehäuse die nächsten hundert Jahre überdauern wird.«

Sollte Kluge sich getäuscht haben? Beinahe totgespart, aufgerieben im universitären Massenbetrieb, sind nicht wenige Kramer-Bauten heute renovierungsbedürftig. Lassen sie sich überhaupt sinnvoll umnutzen? Oder stehen sie neuen Plänen im Wege? Mit dem Wegzug der Universität sind dies drängende Fragen. Die Planer von SSP haben eine Antwort gefunden.

Die Voraussetzungen sind gegeben: Wenn denn die letzten Institute geräumt sind, wird auf dem alten Universitätsgelände ein Kultur-Campus entstehen. Musikhochschule, Bill Forsythes Company und das Ensemble Modern sollen auf dem 16,5 ha großen Areal zwischen Gräfstraße und Senckenberganlage ihren Platz finden. Das Vorhaben ist ambitioniert: »Wohnen für alle, Kultur für alle und eine Arbeitswelt des 21. Jahrhunderts«, das versprechen städtische Broschüren vollmundig. Das Projekt hat auch eine Gruppe engagierter Bürger Bockenheims beflügelt: Sie wollen das einstige Philosophikum gemeinschaftlich bewohnen. Plausible Pläne für das bedeutende Gebäude – es war der erste Hochbau in Deutschland, der seine Stahlstützen nicht unter einem Mantel von Beton verbarg – gibt es zuhauf. Aufbruch statt Abbruch ist die Devise. Dennoch wird – trotz Denkmalschutz – um den Erhalt zäh gerungen. Kramers Bauten dürfen kaum mit Milde rechnen. Das hat der neue Eigentümer und Verwerter des Areals, eine große Frankfurter Wohnungsbaugesellschaft, mehrfach betont.

Man muß möglicherweise ein wenig Distanz haben, um das Potential dieser Bauten zu erkennen. Man muß vielleicht aus dem Revier kommen wie die Planer von SSP. Die Transformation ganzer Industrieensembles ist in der von Strukturwandel geprägten Region zwischen Ruhr und Emscher keine Ausnahme, die Umwidmung von Gebäuden gang und gäbe. Lange Zeit freilich war der sensible Umgang mit historischer Bausubstanz auch dort nicht selbstverständlich. 1986 noch, nach der Stillegung, schien der Abriß der Zeche Zollverein in Essen unausweichlich, die Abbruchanträge waren gestellt. Doch vorausschauende Planer und Politiker erkannten den Wert der Architektur. Als Phantasten hat man sie zunächst abgetan. Heute aber ist die Anlage Weltkulturerbe und die Zechengebäude werden als Cafés, Ateliers und Museen, als Seminarräume der Folkwang-Universität sowie als Werk- und Spielstätten diverser Ensembles genutzt. Entstanden ist ein äußerst lebendiger Campus der Kreativen, ein Symbol für den Umbruch einer ganzen Region zudem.

Mögen die Gegebenheiten in Frankfurt auch andere sein: Dennoch bieten sich Kramers Bauten für eine neue Verwendung an, als Bausteine für den geplanten Bockenheimer Kultur-Campus allemal. Im Falle mancher Gebäude, des Studentenwohnheims oder der Bibliothek etwa, müßte sich nicht einmal ihre Nutzung ändern. Für ein gar nicht allzu hohes Budget lassen sich die Universitätsbauten, die symbolhaft für die Rückkehr der Frankfurter Schule stehen, sanieren. Das haben die Bochumer Planer bei dem Umbau der alten Pharmazie zum Klima-Forschungszentrum eindrücklich gezeigt.

18. Ferdinand Kramer, Philosophikum, fertiggestellt 1960. Das Gebäude war der erste Hochbau in der Bundesrepublik mit offenliegenden Stahlstützen. Um der Feuersicherheit zu genügen, waren zahlreiche Versuche und eine behördliche Ausnahmebewilligung notwendig. (Photo: Woscidlo.)
19. Ferdinand Kramer, Institut für Pharmazie und Lebensmittelchemie. Der Hörsaal hängt an vier Stahlbetonbindern. (Photo: Paul Förster.)

18. Ferdinand Kramer, Philosophicum, completed in 1960. The building was the the first tall structure in the Federal Republic with exposed steel columns. To meet fire safety many tests and a special approval by the authorities were needed. (Photo: Woscidlo.)
19. Ferdinand Kramer, Institute of Pharmacology and Food Chemistry. The lecture hall is suspended from four concrete frames. (Photo: Paul Förster.)

neon tubes in the corridors contribute to the fresh appearance of the institute's interior; the Bochum architects arranged them in a continuous ribbon, which effectively underlines the horizontal development of the building. However, sometimes compromise was necessary: Instead of the black linoleum – as in all Kramer institutes – the client wanted a dark grey needle-felt. There is in the eastern front of the building and the staircase dark green rubber flooring, according to the logo-colors of the tenant.

Solbach says: »We soon realized during the rehabilitation work that changeability was part of the concept.« Kramer provided spare ducts for later installations. Today the extra ducts are no more needed – a large central shaft takes all installations – the Bochum planners added these areas to the general space. The corridors could be widened and towards the exterior balconies areas for informal gatherings were created, inviting to informal talk.

When renovating buildings that are largely classified as historical monuments, such as the Old Pharmacology, the architects are required to balance energy conservation with cultural substance. So far energy saving measures are not yet mandatory for classified buildings. But the planners from Bochum did not content themselves with this. Solbach emphasized: »To attain the aims of climate protection we must increase the upgrading of existing buildings.« The preservation of monuments must not be an exception. A modern institute like the BiK-F that itself carries on climate research cannot ignore aspects of energy. Therefore matters of sustainability play an important role for renovations.

All provisions for energy saving such as the rehabilitation of the façades and the new wooden windows were coordinated with the Monuments Office. The planners stressed that the interior application of thermal insulation should not change the feel of the space. Calcium-silica boards and foam concrete blocks were attached to the existing masonry with lime-cement mortar, arriving at a monolithic construction with a physically uniform cross section. In the course of insulating the roofs were planted with vegetation, specially suited to the locality. Offices and laboratories received mechanical ventilation with highly efficient energy recovery; gas condensing boilers provide most efficient heating. Last but not least, illumination is daylight dependent and controlled by presence detectors. The building's energy certificate nearly reaches the energy saving values for new construction, as prescribed by the latest energy saving ordinance. Solbach says in conclusion: »Renovating existing buildings we have not yet had a project that could be so well adapted to today's requirements.«

How can we safeguard the heritage of a man who twice, during meager postwar times, shaped the Frankfurt building scene with his distinguished design? It needs attentiveness to appreciate the architecture of misjudged times. One has to have eyes, maybe a sense for details to see the elegance of simplicity, the finesse of construction. Maybe one has to be a visual person, an enlightened individual like the stage director and writer Alexander Kluge to recognize the Frankfurt university buildings as among the »most brilliant building achievements« of the years after 1945. Kluge prophesized in 1962 that this campus had a great future: »I am certain that beyond what happens within this university, the buildings will outlast the next hundred years.«

Could Kluge have been wrong? Being nearly saved to death, annihilated by mass-university conditions, more than few Kramer buildings were in need of renovation. Could they be converted to other uses? Or are they in the way of new planning? These were urgent questions since the departure of the university. The planners of SSP found an answer.

The preconditions are given: When the last institutes are empty, a new cultural campus shall arise on the old university premises. A conservatory, the Bill Forsythe Company, the Ensemble Modern shall find their place in the 16.5 hectare area between Gräfstraße and Senckenberg grounds. It is an ambitious scheme: »Housing for all, culture for all, a working environment of the 21st century«, grandly promise the municipal pamphlets. The project inspired a group of citizens from the Bockenheim district: they want to settle together in the old philosophy building. There are many plausible plans for the important building; it was the first high-rise in Germany that did not conceal its steel columns under a concrete casing. Uplifting not demolishing is the motto. However, in spite of monument protection, there is a fierce battle about its preservation. The Kramer buildings can hardly count on clemency declared repeatedly a big Frankfurt housing company, the new owner and exploiter of the property.

Possibly one needs some detachment to recognize the potential of these buildings. Maybe one must hail from the industrial mining territory like the planners from SSP. The transformation of whole industrial complexes caused by the structural changes of the region between Ruhr and Emscher are no exception, the conversion of buildings common practice. For a long time the sensible handling of historical buildings was not a matter of course. As late as 1986, after the shutdown of the Zollverein coalmine in Essen, its demolition seemed inevitable, permits were applied for. But foresighted planners and politicians recognized the value of this architecture. They were dismissed as dreamers, but today it is a world heritage site and the buildings are used as cafés, artists' workshops and museums, teaching space for the Folkwang-Universität, and venues for performances by various groups. A most lively campus for creativity has been established, and a symbol for the transformation of a whole region.

Although the conditions in Frankfurt are different, Kramer's buildings are ready for a new utilization, certainly as elements for the envisioned culture campus at Bockenheim. In the case of the student quarters or the library not even the function needs to be changed. For a rather limited budget the university buildings can be refurbished to serve as symbols of the return of the Frankfurt School. This was impressively demonstrated by the planners from Bochum with the conversion of the old pharmacology building into the center for climate research.

Akzente im Raster: Jedes Universitätsgebäude von Ferdinand Kramer ist anders gestaltet und folgt doch einheitlichen, klar sichtbaren Prinzipien. Das mit Ziegeln ausgefachte Stahlbetonskelett ist typisch für die meisten Bauten, ebenso die großzügigen Treppenhäuser, die durch Glasbausteinwände belichtet werden, die offenen Nottreppen und Feuerleitern sowie die Sonnenschutzanlagen. Die Bilder dieser Doppelseite zeigen die Bauten im gegenwärtigen Zustand.

1. Chicago-Fenster finden sich an vielen Bauten, so auch in den Nordfassaden der Institute für Physik und Mathematik 1 (1959–1961).
2. Das große Hörsaalgebäude 1 (1956–1958) wird von beiden Schmalseiten aus erschlossen; das außenliegende Treppenhaus tritt als besonderer Baukörper in Erscheinung und ist zur Gräfstraße hin mit transluzentem Glas verkleidet.
3. Das Biologische Camp (1954–1956) bildet ein Gebäude-Ensemble am Rand des Botanischen Gartens im Westend und kann als Vorläuferbau der alten Pharmazie gelten.
4. Alle in Ost–West-Richtung längsgestreckten Universitätsbauten haben auf ihrer Südseite Sonnenschutz-Anlagen. Am Verwaltungsgebäude der Universitätsbibliothek (1959–1964) mit seinen schwarzvioletten Ziegeln sind Metalljalousien angebracht.
5. Entlang der Längsseiten der Gebäude der biologischen Institute finden sich Loggien als Arbeitsbalkone neben voll verglasten oder mit Klinkern ausgefachten Flächen.
6. Aluminiumlamellen verleihen dem neungeschossigen Institut Mathematik II (1964–1967) seinen architektonischen Reiz.
7. Kramer führte den Bau der Universitätsbibliothek (1959 bis 1964) nach seiner Zeit im Universitätsbauamt als Privatarchitekt zu Ende. Ein einstöckiger Verbindungstrakt führt zum Lesaalgebäude, das dessen Sonnenschutzlamellen durch Selenzellen gesteuert werden.
8. Wirtschaftsgebäude der Biologischen Institute (geplant 1954–1956, gebaut 1966).
9. Das Fernheizwerk (1953) für die Universität war einer der ersten Bauten Kramers nach seinem Amtsantritt. Es gibt den Blick auf Heizkessel und technisches Equipment frei.
10. Treppenhaus, Übergang vom Institut Mathematik und Physik 1 in den Physikalischen Verein der Senckenberg Gesellschaft.
11. Treppenanlage in den biologischen Instituten.
12. Feuertreppe, selbsttragende Eisenbetonkonstruktion.

Sämtliche Photos von Jörg Hempel.

Accentuated grid patterns: Each university building by Ferdinand Kramer is treated differently, yet follows consistent, clearly recognizable principles. The reinforced-concrete skeleton filled-in with brick is typical for most buildings, as are generous staircases, lit through glass-brick walls, open emergency stairs and fire escapes, or sun protection devices. This double page shows the buildings in their current state.

1. Many buildings have Chicago windows, like the Institute of Physics and Mathematics I on its north side (1959 to 1961).
2. The large auditorium building 1 (1956–1958) is accessed from the narrow sides; the attached staircase is a fully glazed distinct volume along the Gräfstrasse.
3. The Biology Camp (1954–1956) is a group of buildings bordering the West end botanical garden. It precedes the Old Pharmacology.
4. All east–west orientated university buildings have sun breakers on the south side. The administration building of the University Library (1959–1964) has violet-black brickwork and metal blinds.
5. On the long sides of the Institute of Biology are loggias as working balconies, and fully glazed or clinker faced bays.
6. The nine-floor Institute of Mathematics (1959–1964) is enhanced by projecting aluminum lamellas.
7. Kramer finished the library (1959–1964) as private architect after his university employment. A single-floor wing connects with the auditorium, which has sun-protection lamellas controlled by selenium cells.
8. Service building of the Institute of Biology (designed 1954–1956, built 1966).
9. The district heating plant for the university (1953) was one of Kramer's first buildings. It opens the view to the technical equipment.
10. Staircase, passage from the Institute of Physics and Mathematics I to the Physikalischer Verein of the Senckenberg Gesellschaft.
11. Staircase in the Institute of Biology.
12. Emergency stairs, self-supporting reinforced concrete construction.

All photographs by Jörg Hempel.

1. Lageplan.
2, 3. Grundrisse des ursprünglichen Zustands. 1. Obergeschoß, 2. Obergeschoß.

1. Site plan.
2, 3. Floor plans of the original state. 1st floor, 2nd floor.

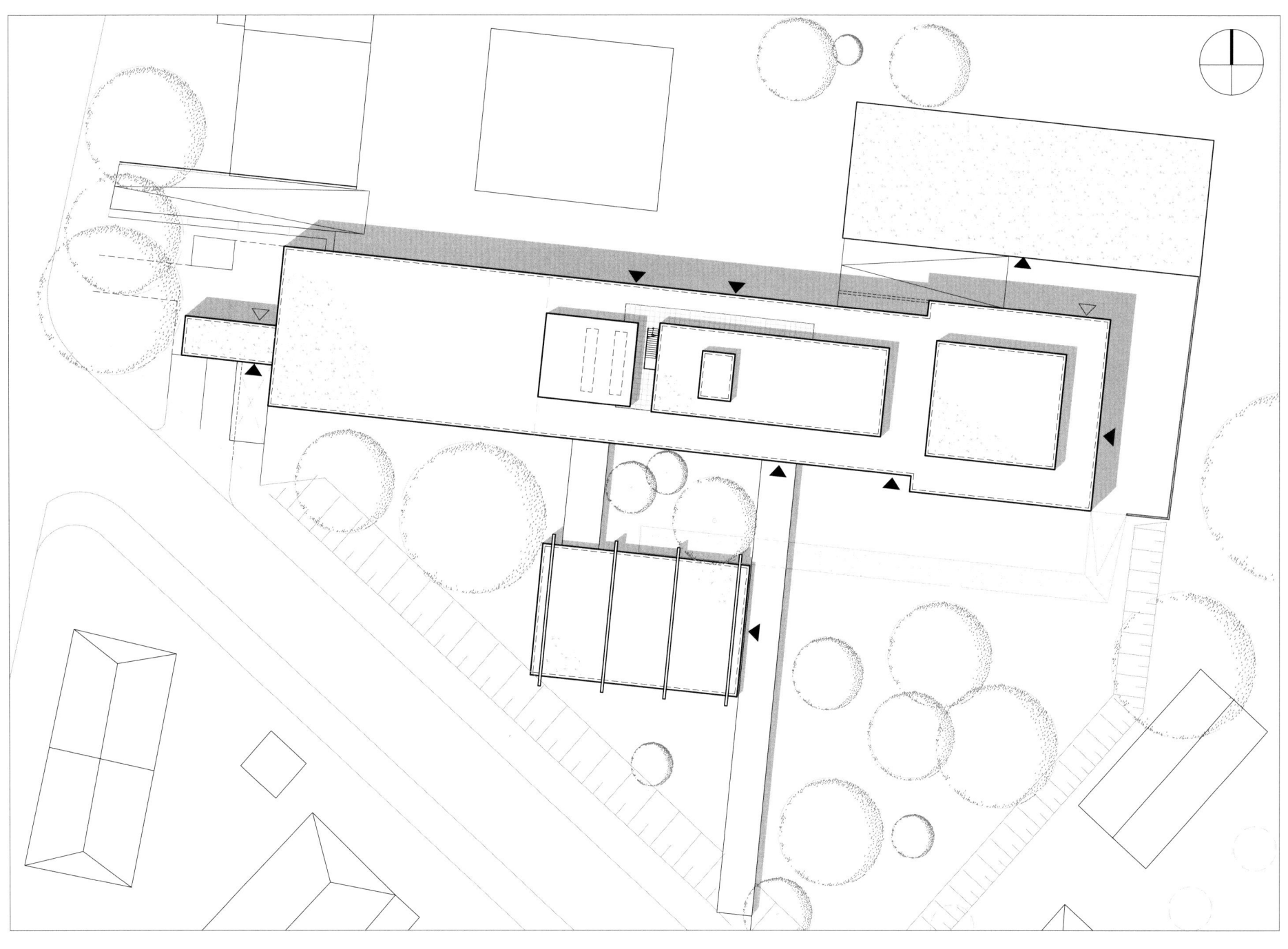

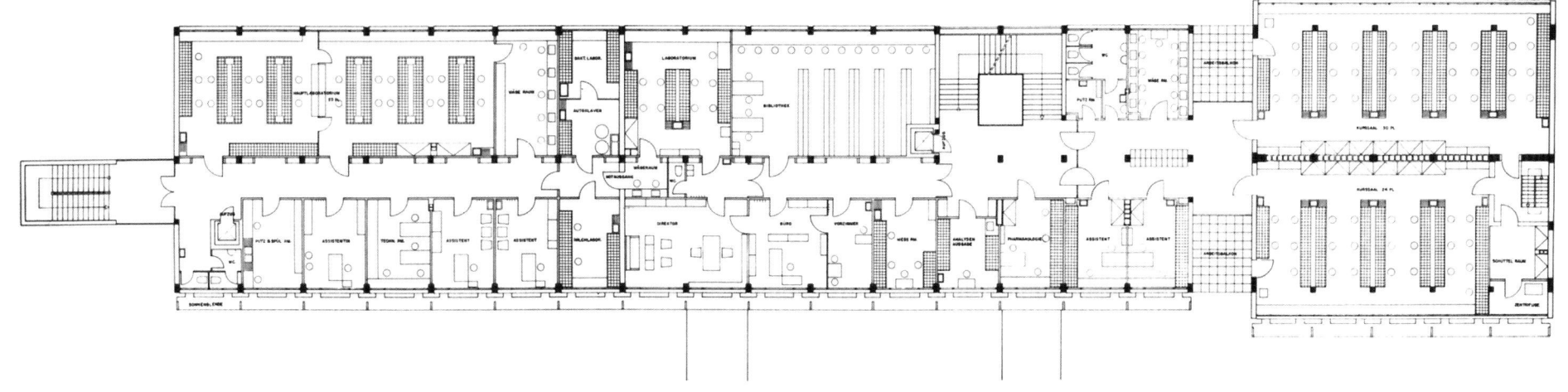

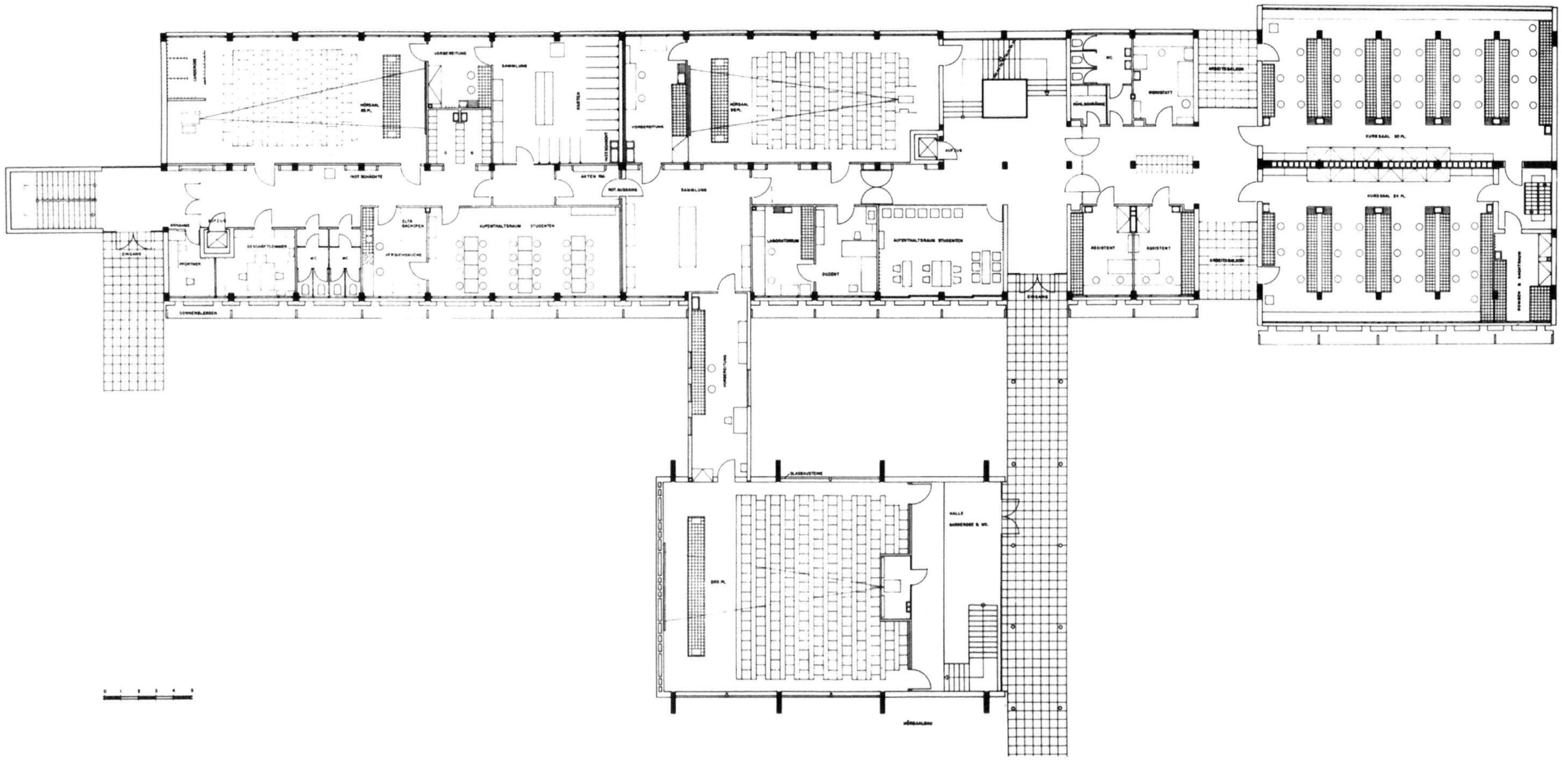

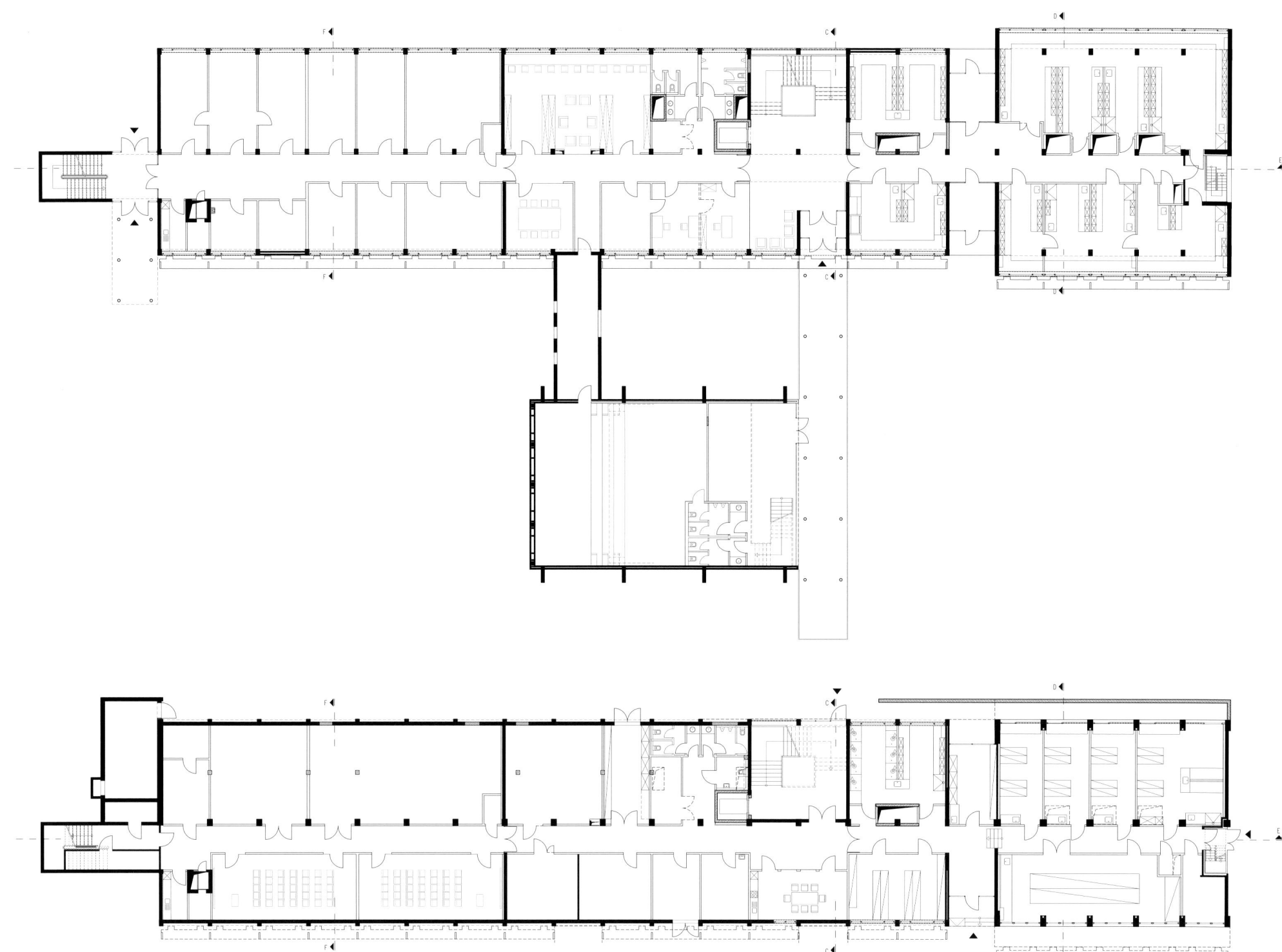

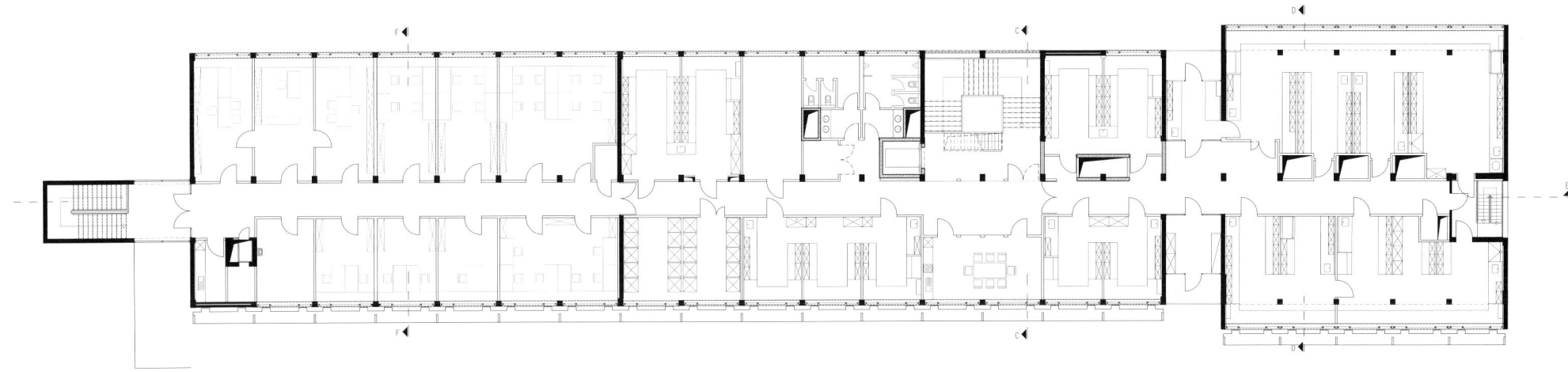

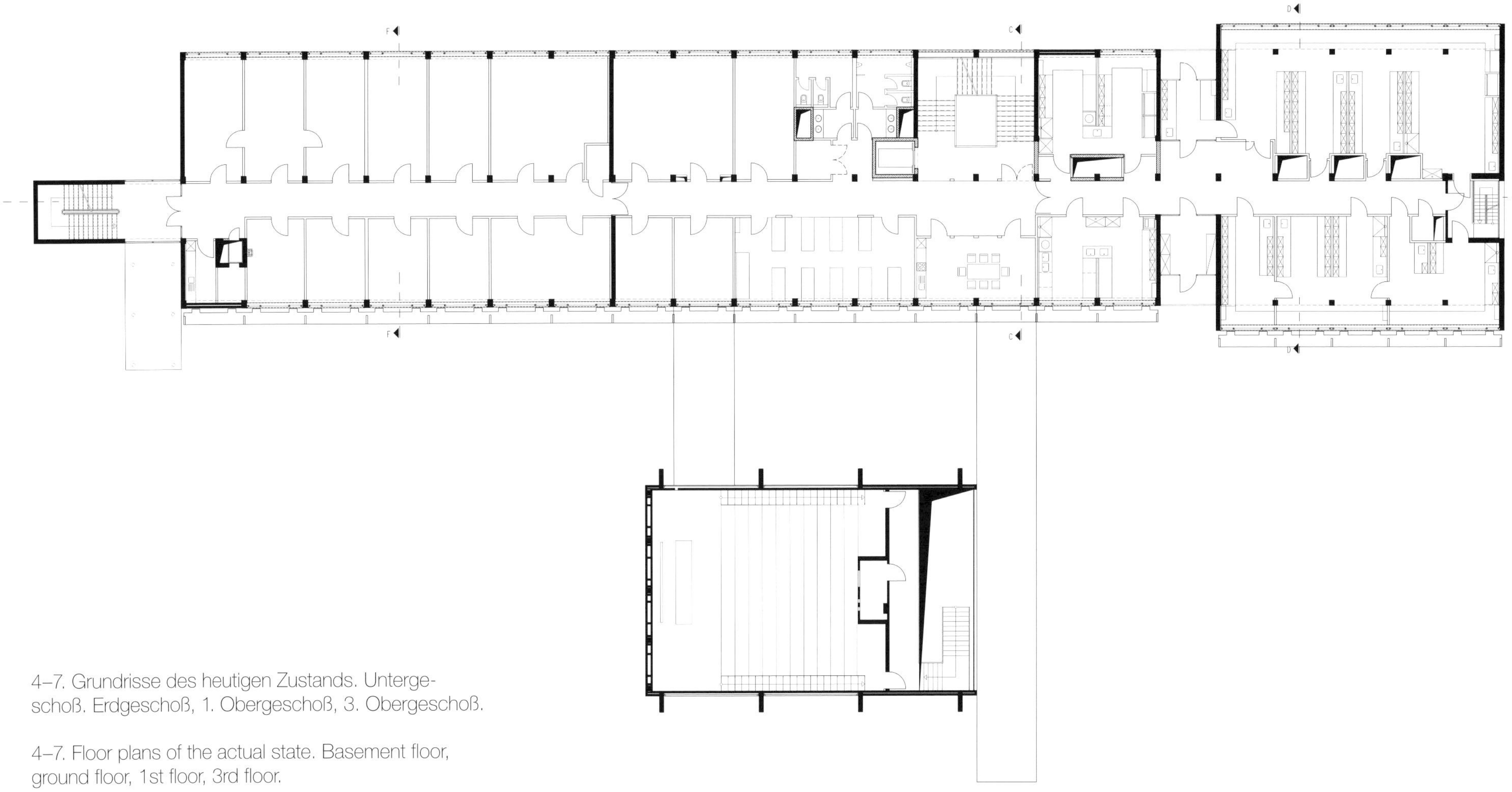

4–7. Grundrisse des heutigen Zustands. Untergeschoß, Erdgeschoß, 1. Obergeschoß, 3. Obergeschoß.

4–7. Floor plans of the actual state. Basement floor, ground floor, 1st floor, 3rd floor.

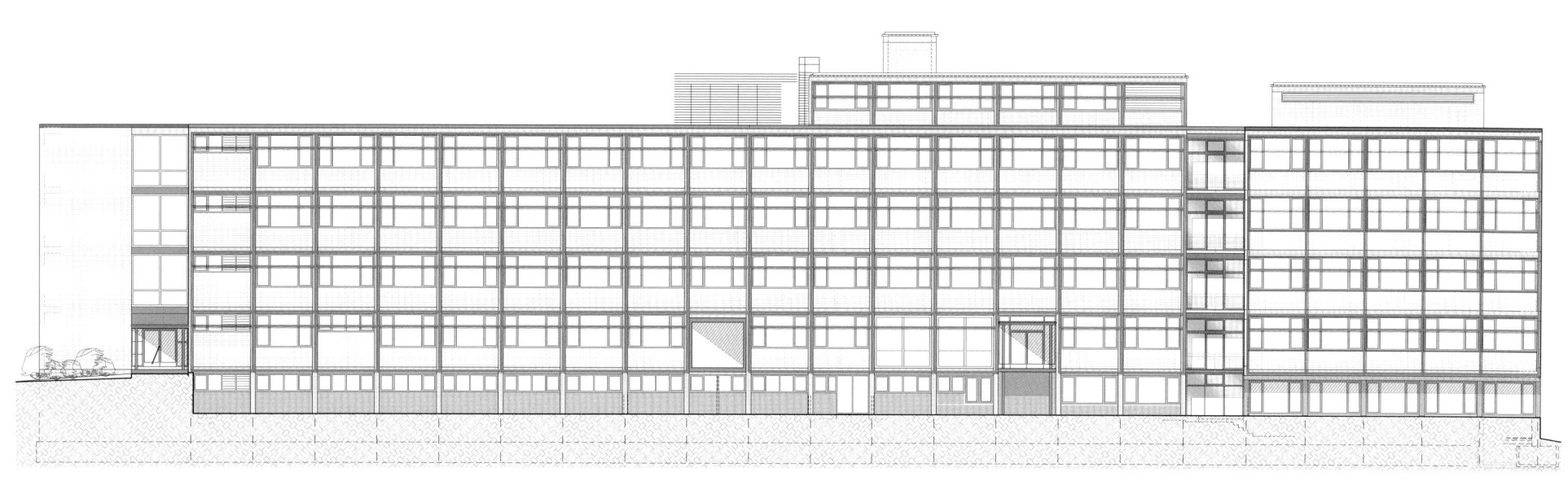
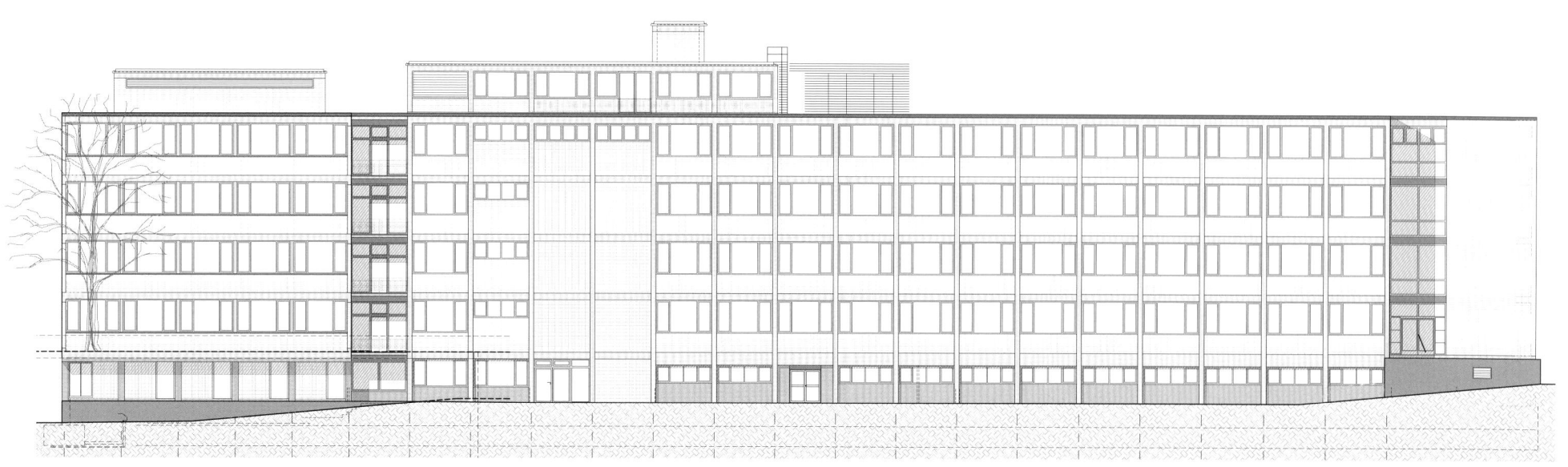

8, 9. Ansichten. Südseite, Nordseite.
10–13. Schnitte. F–F, C–C, D–D, E–E.

8, 9. Elevations. South side, north side.
10–13. Sections. F–F, C–C, D–D, E–E.

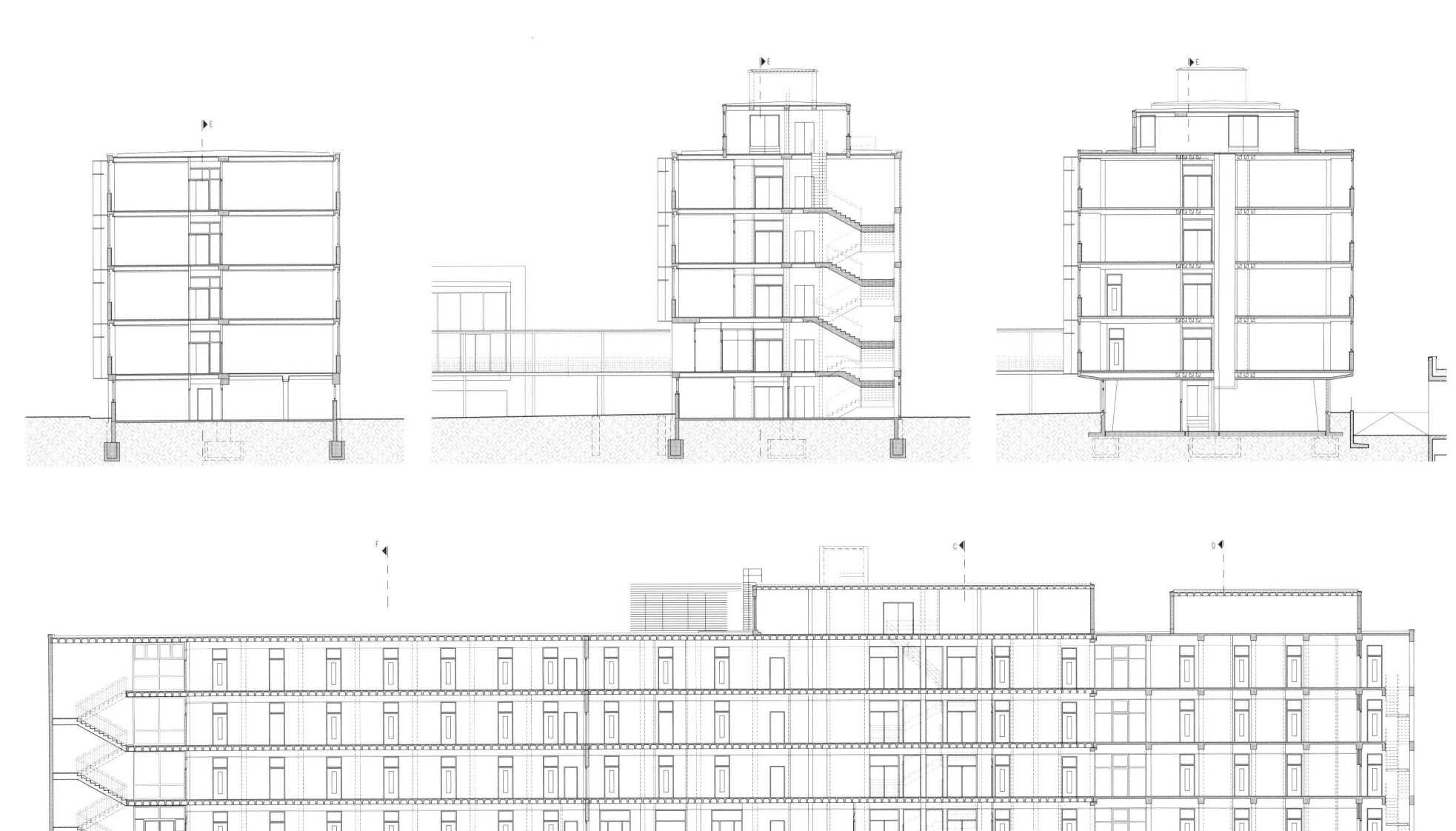

1. Historische Aufnahme des Instituts für Pharmazie und Lebensmittelchemie der Goethe-Universität Frankfurt am Main. (Photo: Paul Förster.)

1. Historical photograph of the Institute of Pharmacology and Food Chemistry of the Goethe-Universität Frankfurt am Main. (Photo: Paul Förster.)

2. Der Erschließungssteg mit dem Hörsaalgebäude.

2. The access bridge with the lecture-hall building.

3. Die Südseite des Hauptgebäudes mit dem Hörsaalgebäude am linken Bildrand.

3. The south side of the main building with the lecture-hall building on the left image border.

4, 5. Die Südseite des Hauptgebäudes wird durch Brises-Soleil vor der Sonneneinstrahlung geschützt.

4, 5. The south side of the buildiung is protected by *brise-soleil* against solar irradiation.

6, 7. Der Hauptzugang zum Forschungszentrum BiK-F über den Steg an der Georg-Voigt-Straße.

6, 7. The main entrance to the Bik-F research center over the bridge on Georg-Voigt-Straße.

8. Blick vom Eingangssteg auf den Hörsaalzugang für Vortragende.
8. View of the lecture-hall approach for lecturers from the access bridge.

9, 10. Der westliche Bereich des Hauptgebäudes mit dem Nebentreppenhaus von Südwesten bzw. von Süden.

9, 10. The western part of the main building with the secondary staircase from the south-west and from the south respectively.

11, 12. Die Nordseite des Hauptgebäudes. Das Haupttreppenhaus ist mit Glasbausteinen verkleidet.

11, 12. The north side of the main building. The main staircase is cladded with glass bricks.

13, 14. Der Labortrakt im Hauptgebäudes mit außenliegendem Fluchttreppenhaus.

13, 14. The laboratory wing in the main building with escape staircase lying outside.

15, 16. Der Eingangsbereich des Hörsaalgebäudes.

15, 16. The entrance area of the lecture-hall building.

17. Der Hörsaal

17. The lecture hall.

S. 50/51
18. Blick vom Hörsaalzugang für Vortragende auf den Erschließungssteg.

pp. 50/51
18. View of the access bridge from the lecture-hall approach for lecturers.

S. 52/53
19. Das Treppenauge des Haupttreppenhauses.

pp. 52/53
19. The stair well of the main staircase.

20. Das Haupttreppenhaus.
21. Blick vom Bürotrakt in den Labortrakt im 3. Obergeschoß des Hauptgebäudes.

20. The main staircase.
21. View from the office wing into the laboratory wing on the 3rd floor of the main building.

22. Laborraum
22. Laboratory room.

23, 24. Die Mesokosmenhalle mit Klimakammern. 23, 24. The mesocosms hall with climate chambers.

Biodiversität und Klima Forschungszentrum (BiK-F)
Georg-Voigt-Straße 14–16
60325 Frankfurt am Main

Bauherr/Client
Senckenberg Gesellschaft für Naturforschung, Frankfurt am Main

Architekten/Architects
SSP SchürmannSpannel AG, Bochum
Projektleitung/Project management Matthias Solbach, Thomas Schmidt
Projektarchitekten/Project architects Carsten Liese, Nina Ostermann, Gerti Balzer
Bauleitung/Site management Heinz Lenzmann, Daniel Böder, Gabi Krengel, Jost Dewald

Projektsteuerung/Project controlling
BMP Baumanagement GmbH, Köln/Cologne

Tragwerksplaner/Structural engieneers
Stroh + Ernst AG, Frankfurt am Main

Prüfstatiker/Inspection engineers
Bernhardt Ingenieure GmbH, Darmstadt

Bauphysik/Building physics
TOHR Bauphysik GmbH & Co. KG, Bergisch Gladbach

Brandschutzplanung/Fire-prevention planning
HHP West Beratende Ingenieure GmbH, Bielefeld

Vermessung/Surveying
Steuernagel Ingenieure GmbH, Frankfurt am Main

Baugrund- und Bauschadstoffgutachten/Soil and building contaminant analysis
Dr. Tillmanns Consulting GmbH, Hilden

Haustechnik/Mechanical engineering
pbr Planungsbüro Rohling AG, Frankfurt am Main
Hyder Consulting GmbH, Halle (Saale)

Laborplanung/Laboratory planning
IfG Ingenieurbüro für Gesundheitswesen GmbH, Leipzig

An der Umnutzung des Gebäudes beteiligte ausführende Firmen/Executing firms involved in the conversion of the building

A.I.S. GmbH, Willich
Aksu Group Abbruch & Gebäudereinigung GmbH, Kelsterbach
Anton Sonnenschutzsysteme GmbH, Frankfurt am Main
Asphaltbau Schleiz GmbH, Schleiz
AUMA-TEC Ausbau-, Umwelt- und Anlagentechnik GmbH, Suhl
Baudekoration Henritzi GmbH, Mainz
Baudekoration Zucale GmbH, Wörrstadt
Dachdeckermeister Willy A. Löw AG, Bad Homburg
Elektro-Anlagenbau Zschopau GmbH, Zschopau
Fenster- und Fassadenbau ROMMEL GmbH, Großbodungen
FR Frisch & Rein Gebäudeservice GmbH, Schöneck-Büdesheim
Fritz Wiedemann und Sohn GmbH, Wiesbaden
Hanisch Gerüstbau GmbH, Neunkirchen-Wellesweiler
Klimabau Gesellschaft für Lufttechnische Anlagen mbH, Frankfurt am Main
Minimax GmbH & Co. KG, Heidelberg
P. A. Budau Bauunternehmen GmbH & Co. KG, Idar-Oberstein
Raumtex Textiles Wohnen GmbH, Sömmerda
RFE GmbH, Stockstadt
Ruben Peter Ausbau GmbH, Floh-Seligenthal
Stinner Garten- und Landschaftsbau GmbH, Mainz-Gonsenheim
THERMOTEC Weilburg GmbH & Co. KG, Weilburg
Thüringer Gesundheitstechnik GmbH, Meiningen
Vestner Aufzüge GmbH, Obertshausen
Waldemar Günther GmbH & Co.KG, Frankfurt am Main
Wesemann GmbH, Ulm
WRK GmbH, Höpfingen

Das Buch entstand mit freundlicher Unterstützung von/The book was produced with kind support of

FSB Franz Schneider Brakel GmbH + Co KG, Brakel
Xella International GmbH, Duisburg
Universitätsarchiv der Goethe-Universität Frankfurt am Main